JN091980

KIYOEnOTE

──── キヨエノオト ────

いきものがかり 吉岡聖恵

KIYOEnOTE
Contents

chapter
1

吉岡家に60年ぶりの
女の子誕生!

父駆けつける！が、しかし……

　私が生まれ育った神奈川県厚木市は吉岡家、つまり父の地元です。母は私を身ごもっていた際、実家のある静岡に里帰りをしていましたが、予定日になっても私はなかなか出てこなかったそうで。よっぽど母のおなかの中が心地よかったのか、それとも、生まれる前から私がマイペースだっただけなのか（笑）。それはともかく吉岡家にとっては、な、なんと60年ぶりに女の子が生まれる！ということで、親戚一同とっても楽しみにしていたそうなんですね。そしてお医者さんから「もうそろそろですよ！」という連絡を受けた父は出産に立ち会うため、会社を休んで静岡まで駆けつけたのでした。

　が、しかし。その日もその次の日も、そのまた次の日になっても私はなかなか現れる気配を見せず……。楽しみにしていたとはいえ、さすがにしびれを切らした父が「明日は、会社に行くからな！」と母に言ったその夜に、私、吉岡聖恵がこの世に誕生したのでした。今でも家族が皆で集まると「あの時の聖恵は空気を読んだよね！」って、笑い話にしています。自分をほめてあげたいですね（笑）。

　そして、私が生まれたのは2月29日。そう、4年に一度の"うるう日"なんです。無事出産を終えて喜びいっぱいの母でしたが、どうしても気になったのが誕生日のことだったそう。自分の娘に4年に1回しか誕生日が来ないなんて！と悩んだ末、このままではかわいそうだと、産婦人科の先生に「娘の出生届の日付って変えられませんか？」と聞いてみたんだとか。すると先生から「あなたは自分の子供の出生日を変えるんですか!?」とたしなめられたんですって。そして母は腹を決めて、私の出生届は何も偽ることなく、うるう日である2月29日生まれとしてめでたく提出されたのでした！

生後4か月、自宅にて。目力が強い！

家族や親戚に溺愛されて

　私は吉岡家の長女として、3人兄弟の真ん中に生まれました。1歳上の兄と、少し離れて6歳下に弟がいるんです。3人の中でも吉岡家で60年ぶりに生まれた女の子！ということで、家族はもちろんのこと親戚一同からも溺愛されて幼少期を過ごしました。

　私が生まれた時は、まだ厚木のおじいちゃんのお母さんも元気でいてくれて、幼稚園の時まではよく遊んでもらった記憶があります。同居していたこともあるんですが、とにかく可愛がってくれて。そして、いつも「この子はクラスで一番だんべ！」って言ってくれていたらしいです。その理由は、よくわからないんですけどね（笑）。お正月には毎年母方の、静岡のおばあちゃんたちのところに行きました。静岡のおばあちゃんのお母さんはとても上品で、いつも着物を着ている人でした。静岡のおじいちゃんのお母さんが100歳を迎えた時、百寿のお祝いとして当時の首相から表彰されたことが印象に残っています。いきものがかりのデビューの1年後、2007年に天国に行っちゃいましたけど、それまではずっと「私が死んでも絶対に聖恵ちゃんを守るからね！」と言い続けてくれていました。

　とにかく親戚が多い吉岡家なんですけど、私は誰からもめちゃくちゃ愛され、愛されていることを感じながらここまで来ることができました。私にとってはすべてのおじいちゃん、おばあちゃんたちが誇りなんです。そして私の、歌うことの原点を築いてくれたのが、厚木にいるおばあちゃんとひいおばあちゃんでした。そこに私の母も一緒になって、幼い私に毎日毎日、童謡を慣れ親しませてくれていたんですね。私の歌好きは、歌が大好きなたくさんの家族から、歌を教え込まれたことから始まっているのでした！

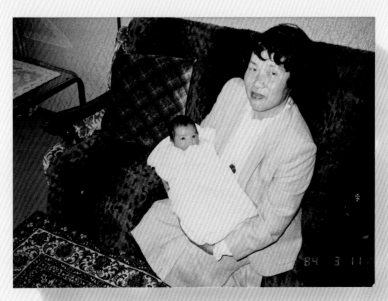

童謡を教えてくれた厚木のおばあちゃんと。

育児日記に母の予言!?

　私の母は幼稚園の先生をしていたこともあって、おなかの中にいる私に胎教として音楽を聴かせてくれていたそうです。シューベルトなどのクラシックや自然音のレコード、そして母が清水の舞台から飛び降りる思いで買った、童謡のレコードセットもありました。

　音楽を聴かせることは生まれてからも続き、童謡はもちろんディズニーのお話レコードなどで、幼い私に母が歌を吹き込み続けてくれていました。母が言うには、私は泣いていても音楽や歌を聴かせるとすぐに泣きやむ赤ちゃんだったそうです。厚木のおばあちゃんが言うには、幼い私は雨が降っても「外に行きたい！」って玄関で雨の歌を歌ったり、赤い靴を買ってもらったら「赤い靴」の歌を歌ったりと、家族に教えてもらった童謡をもとに、感じたことや目につくものをなんでも歌っていたそうなんです。

　母親の育児日記を見てみると、生まれてから2か月目に「泣いていても音楽を聴かせるとおとなしくなる。才能があるのかな」って書いてあって。そして1歳半の時には「舌足らずだけど25曲歌える童謡がある」という文と一緒に、その曲名まで全部記されているんですよ！　婦人会のような人が集まる場所に私を連れて行くと、みんなの前で歌を歌いたがったそうで。近所のおばあちゃんに「きよえちゃんは、お歌がうまいわね〜」と言われてうれしくなったのか、周りの子をつかまえて「ねぇ〜、いっしょにうたおうよ〜」とせがみ続けて嫌な顔をされることがよくあったとか。ほめられるとすぐ調子に乗るところや、楽しいと思ったらほかの人も巻き込もうとする癖もその頃からみたいですが（笑）、私は生まれた時から歌が大好きな、とにかくとっても明るくて元気な子だったようです！

母が二十歳の時、
清水の舞台から飛び降りる思いで
買ったレコードセット。

母からの愛情が
こもった育児日記。

13

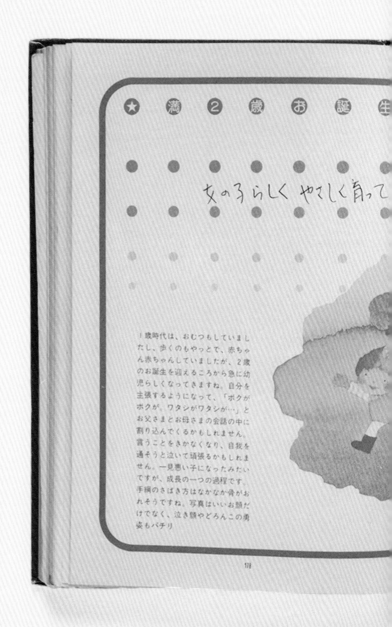

★ 満 ② 歳 お 誕 生

女の子らしく やさしく育って

1歳時代は、おむつもしていま
したし、歩くのもやっとで、赤ちゃ
ん赤ちゃんしていましたが、2歳
のお誕生を迎えるころから急に幼
児らしくなってきますね。自分を
主張するようになって、「ボクが
ボクが、ワタシがワタシが…」と
お父さまとお母さまの会話の中に
割り込んでくるかもしれません。
言うことをきかなくなり、自我を
通そうと泣いて頑張るかもしれま
せん。一見悪い子になったみたい
ですが、成長の一つの過程です。
手綱のさばき方はなかなか骨がお
れそうですね。写真はいいお顔だ
けでなく、泣き顔やどろんこの勇
姿もバチリ。

178

2歳で初ステージ

　私はやっぱり言葉が早かったみたいで、生後11か月にして玄関で父に向かって「いったった～い！（行ってらっしゃ～い）」とお見送りしていたそうです。そしてやっぱり（？）私は歩き出すよりも先に、歌を歌っていたらしいんです！　そんな私の、人前での歌唱デビューはといえば2歳の時、親戚の結婚披露宴でした。もちろん私自身の記憶にはないんですが、しっかりとビデオの映像が残っているんです。アカペラで「てんとう虫のサンバ」を歌っているんですけど、司会の方から「それでは吉岡聖恵ちゃんでーす！　拍手～」と呼ばれて、白いワンピースを着た私がみんなの前に出てマイクを持った瞬間、なんと……ニヤ～ッて笑うんですよ！　その映像を見て、大人になった今の私がゾクッとしたというか、びっくりして鳥肌が立ったというか……。だって、私は2歳の時すでに、人の前に出て歌うのが大好きだっていう証拠がそこにあったから（笑）。

　当時の私は小児ぜんそくを患っていたこともあって、歌っていると「あなたーとわたしがー、ゆめのーくにー、ゲホゲホッ!!」って時々むせるんですけど、それにもめげないで「あ～かあ～おきーろのーー、チャーチャチャチャッチャ♪」って伴奏も自分で挟みながらノリノリで（笑）。それが私の初ステージでした。ビデオを見るとその姿を、横でお兄ちゃんが心配そうに見てるんですけど（笑）。

　吉岡家には、カセットテープやビデオ録画で自分の歌がたくさん残されているんですが、私が気持ちよさそうに歌っているところに母が突然割って入ってくると、幼い私が「お母さんはうたわないのー!!」って言っていたり（笑）。そんな頃から私は自分が歌うことが、それで人が喜んでくれるのが大好きだったんですね。

実家のピアノの上にずっと飾ってあります。

幼き日の記憶

　幼い頃の記憶ってなかなか残ってないものですが、私が覚えている最初の記憶は理科室みたいな部屋の中で一人、鼻と口から管を通されて苦しそうにしている自分の姿……。それは2歳か3歳か、兄が歯医者さんに行く際について行った時のこと。待ってる間に台の上にあった茶色い瓶を見つけた私は、椅子の上に立ち瓶をつかみ、喉が渇いていたのか「ビードゥッ！ビードゥッ！（ビール）」って言いながら、ぐいぐい飲んじゃったんだそう。その中身は薄めた消毒液だったので私は救急車で運ばれ、病院で胃を洗浄されることに。その時の記憶が今でも残っています。救急車では「ぼーくいーや、ぼーくいーや」と歌うように嫌だ嫌だと泣いていたらしくて。なんで"私"じゃなくて"僕"だったのかはわからないんですが（笑）。液が薄かったからよかったものの先生は顔面蒼白だったそうです。

　それ以外の小さな頃の記憶は楽しいものばかり。地元には自然が多くて、おばあちゃんのトラックに乗って畑に連れて行ってもらったり、お父さんとお兄ちゃんと一緒にクワガタを採りに行ったり。あとは鉢植えに種を植えて、芽が出てくるのを見るのが好きな子供でした。リカちゃん人形とかでも遊んではいましたけど、幼稚園の頃は友達と水性ペンの先を水に浸したり、草花を水に入れて色水を作ることに夢中だったことのほうが思い出されて。きれいな色が出るのが楽しくて仕方なかったんです。ほかに楽しみだったのは日曜の朝市。農家の人たちがトラックの荷台に野菜をいっぱい積んで集まって、でっかいスーパーの駐車場に朝の5時くらいからいろいろ並べて売るんですけど、私はそこで「いらっちゃいませ〜！」ってお店番担当（笑）。誰彼構わずあいさつするのが好きな子供でした！

お祭りが大好きな一家で育ちました。
気合いのはっぴ姿！

chapter

2

J-POPに目覚める
小学生

初めてのアンコールは
「ぶんぶんぶん」

　小学１年生の３月、学年が変わる最後にお別れの会みたいなのが
ありました。よくよく考えると２年になってもクラスは変わらなか
ったので、誰ともお別れすることはなかったんですけどね（笑）。
とにかくその会ではそれぞれが好きなことを、何をやってもいい！
ということになったので、私は発表の前日にみんなの前で「ぶんぶ
んぶん」を歌う！と決めました。それでお父さんとお母さんに頼ん
で、長い触角のようなものをつけた帽子と、リュックタイプで背中
に背負う画用紙の羽を作ってもらって。それを身につけて "ぶんぶ
んぶん〜はちがとぶ〜♪" って歌ったら、なんとクラスのみんなか
らアンコールをもらっちゃって！これが正真正銘、私の人生で初め
てのアンコールでした（笑）。私は最初から、歌った後の決め台詞
を「みんな〜、 ２年生になってもがんばろうね〜!!」にしていたん
ですが、アンコールでもう１回歌った後に違う言葉が全然出てこな
くて、また「みんな〜、 ２年生になってもがんばろうね〜!!」と、
なんのアレンジもせず同じ台詞をまた言ってしまって。私はこの頃
から臨機応変じゃない人だったみたいです（笑）。

　小学校の頃のあだ名は、仲のよかったりえちゃんがリエリエで、
私がキヨキヨでした。３年生になった時、２人であだ名を変えよう
って話して「リーコ」と「キーコ」にしたんですけど、リエリエは
ずっとリエリエで、私だけがキーコってあだ名になりました。

　私は小学校１、２年の担任だった先生がとっても大好きで、中学
生になっても毎年バレンタインのチョコレートを渡しに行っていた
ぐらい。その先生とはその後もずっと仲よくさせてもらっているん
ですが、今でもいきものがかりのライブを見に来てくれています。

元気がよすぎて名前が入りきりませんでした（笑）。

小学校の運動会にて。

郵便配達ごっこと
給食のおばちゃん

　小学生の頃に大好きだった遊びが、郵便配達ごっこでした。何かというと、自分で書いた手紙や折り紙を斜めがけの小さいバッグに入れて出かけて、ご近所のポストに勝手に入れて回るという（笑）。知り合いのおばあちゃんの家にピンポンして「ゆうびんやさんでーす！」って（笑）。そんなことしてましたから、近所では活発な子で有名でした。その頃から自分で何かを作って渡すというのが好きだったんでしょうね。近所のおばあちゃんが、その時の手紙を今も持っていて、ちょっと前にうちの母に見せてくれたらしいです。

　おばちゃんやおばあちゃんは、ご近所さんや親戚でなくても仲よしでした。小学校には給食のおばちゃんっているじゃないですか。給食当番になると班のみんなで給食室で整列して「ありがとうございました！」ってあいさつするんですけど、高学年になるとみんな自然としなくなるんです。でも私が給食当番の時には６年生までずっと、給食のおばちゃんひとりひとりにあいさつしてました（笑）。おばちゃんたちと親しくなって、学校帰りに給食室に向かって「おばちゃーん！」って私が手を振ると「キヨちゃーん！」って手を振り返してくれたり。母が給食のおばちゃんと会った時に「あの子お宅の子なのね‼　元気でいい子ね〜‼」って言われたそうです（笑）。子供の頃から自分がしたことに反応があるとか、喜んでもらえることがうれしかったんですよね。そういえば先日、東京に出て来て最初に住んだ家の大家のおばあちゃんが誕生日を祝ってくれたんです。家に遊びに行ったらケーキを用意してくれていて、次は私が誕生日のお返しをしたり。おばちゃんやおばあちゃんに愛されて育てられたからか、今でもそうした人たちにはとってもご縁がありますね。

5年生の舞台は
脳みそがないかかし

　小1の時に地域の合唱団に入りました。年上のお姉さんばかりだったので最初は行くのが嫌で、行きたくないと言って泣いていたんですが、母が「あなたは絶対歌が好きなんだから」と慣れるまで何度も連れて行ってくれて。おかげで合唱団には小6までいました。初めてソロで歌う曲をもらったのが小5。オズの魔法使いの、脳みそがないかかしの役でした（笑）。今でも歌詞はしっかり覚えていて「もしも脳みそがあれば、カラスも追い払える」「知恵があればバカにされないで済む」って。厚木市文化会館の小ホールで歌ったのが小学校の思い出です。あと、合唱団とは別にミュージカル劇団のオーディションみたいなものを小6、中1、中2の時に受けました。そこは夏に厚木市文化会館の大ホールで発表するんですけど、私の役はといえば町の子A、みたいな感じで（笑）。いきものがかりが厚木市文化会館でライブをした時には「初めてここに立った時は脳みそがないかかし役、その後も町の子Aだった私が、今はセンターに立たせていただいております！」ってネタにしていました（笑）。

ソロをもらえてすごくうれしかった！

25

激弱なのに
ドッジボールで……

　地域のクラブ活動でドッジボールをやっていました。めちゃくちゃ弱かったんですけど、地元の人に引っ張られての参加で。私の父が子供会とかに積極的で、キャンプファイヤーではギターを弾いたりレクリエーションをする人だったこともあって、地域でやるドッジには小4から入ったんですけど、私、めちゃくちゃ弱くて。その頃はもやしみたいに体が細っちくて力がなくて、1学年下の幼なじみとキャッチボールしても負けちゃうくらい。なのに小6になった時、監督が「キャプテンは吉岡！」って言ったんです。「えーっ！」って驚いた後で「監督……、なんで私がキャプテンに選ばれたんでしょうか？」ってドラマの台詞みたいに聞いてみたんです。そしたらひとこと「お前は偉ぶらないから」って。「なんじゃその理由ー!!」ってなりましたけど、選ばれたのはうれしかったです。だから声だけはがんばりました！　「ナーイスキャッチ〜〇〇〜♪」みたいなのを率先して言ったり。「ゴーゴーレッツゴー！声出していこう〜♪」って、掛け声だけはしっかりキャプテンしてましたね（笑）。

声の大きさなら負けません！

26

LINDBERGさんで
J-POPデビュー

　３年生くらいまでは、男女一緒のグループで駄菓子を買いに行って、秘密基地作ろうよ！みたいな感じで遊んでいましたが、５年生ぐらいになると男子を意識しすぎて、恥ずかしがり屋さんになっていました。その一方、夢中になり始めていたのが J-POP です。

　初めて CD を買ったのは５年生。LINDBERG さんの「平成イヌ物語バウ」っていうアニメのオープニングテーマだった、アップテンポの「大キライ！」と、エンディングテーマのバラード「二人きりで行こうよ」。そして Mr.Children さんの「Tomorrow never knows」のシングル CD でした。「Tomorrow never knows」の歌詞は、大人の世界をのぞいているようで。＜無邪気に人を裏切れる程 何もかもを欲しがっていた＞ってどういうことなんだろ？って。兄がミスチルさんやスピッツさんを好きだったので影響を受けていきましたね。あと、カラオケでは DREAMS COME TRUE さん、ZARD さん、globe さんとかを、中でもドリカムさんの「晴れたらいいね」はよく家族と一緒にカラオケに行って歌っていました。

当時はフリフリした衣装を着るのが恥ずかしかった（笑）。

27

歌う人になりたい！

　小学校5、6年の頃、一番仲のよかった友達が芸能活動をしていました。その子は東京の劇団に入っていて、中学の時にCMにも出ていたし、ミュージカルでは主役をやるような子で。小学校高学年から中学の頃は、とにかくその子に憧れていました。うらやましさもあったし刺激されて、その頃自分ががんばっていたのは合唱団だったけど、みんなでじゃなくて"自分"が歌いたい！って気持ちが芽生えてきました。その裏には芸能界への憧れもあったと思います。

　吉岡家では、家族でよくカラオケに行って歌っていたんですけど当時、そのお店では90点以上を出すと、今日のナンバーワン！みたいな感じでポラロイドで撮った顔写真が貼り出されていたんです。ある日、私がglobeさんの曲で92点か93点を出して、「こ、これはいけちゃうんじゃないかあ！」って思っていたら、同じ日にその子が、私より1点上回って今日のナンバーワン！で貼り出されて。私はその子のことがすごく好きだったけど、やっぱり悔しい気持ちがあったんですね。いつかセンターで歌いたい！っていう思いは、その子に触発されて芽生えていました。ミュージカルでは脇役でも悔しくなかったし、むしろ舞台に立つのが怖いみたいな感覚もあったんですが、カラオケで負けたのはめちゃくちゃ悔しかったから。その子は常に目立つ子で、学校の鼓笛隊の指揮者をやったんです。私も家で練習したんですけど基本的にはビビりで自信もなくて、数十人の女子が指揮者をやりたい！ってオーディションして、結局その子が指揮者に選ばれました。私はその他大勢のピアニカの役割だったんですけど、何人かの子たちで集まって勝手に"ボンボン"って役割を作って、手作りのボンボンをフリフリしていました（笑）。

小中学生の頃はよく「ミュージックステーション」を見ていたん
ですけど、その頃 SPEED さんが出ていたのを見て、どうして同世
代の子がテレビで歌っているんだろう？って思いから、悔しくてミ
ュージックステーションが見られない時期もありました。当時はア
クターズスクールとかが流行っていましたが、私は踊りに興味が
なかったし（その前に踊れないんですけどね。笑）。でも、それが
初めての"嫉妬"だったんでしょう。芸能活動していた友達にも、
SPEED さんにも。でも、嫉妬もパワーにできれば大事なこと！
私はその子がいたから中学の頃から「将来、歌で食べる人になりた
い！」と思っていました。後に大学のミュージカルコースをすすめ
てくれたり、「歌をやったらいいよ！」「才能あるよ！」と言ってくれ
たピアノの先生には、歌手になりたいと言うのは恥ずかしくて「DJ
になりたい！」ってごまかしていたんです。その時は「簡単になれる
もんじゃないよ」と言われたんですが「オールナイトニッポン」の
パーソナリティをやらせていただいたからでしょうね、この間お会
いした時には「夢、叶っちゃったね！」って言ってくれました（笑）。
　人には言えなくても、心の中では「歌で食べていける人になりた
い。歌で生きていきたい」と思っていたから、心の奥で"歌手"っ
ていうのがあったんだと思います。でも、それって言っちゃいけな
いことなんじゃないかなって感じていたんですよ。だって、口にし
たら「そんなの無理だよ！」って言われてしまいそうで。だから自
分の中でも"歌手"っていう言葉は心の奥のほうに置いてあって、
頭の中にはなかったです。子供だったし傷つきたくなかったから、
人に邪魔されないところで温めておきたかったんだと思います。

春の音を聴いているのかな?

「ペ〜タ〜! おじいさ〜ん!」 憧れのハイジ役。

このポピー畑が大好きでした。

スケートは、片足でしか蹴れなかった。

なぜか
ウルトラマンの
ポーズ

chapter

3

男子が苦手な赤面症、
の中学時代

ルーズソックスははけなくても
歌の時は強くなれた

　中学に進んだ私は、もちろん合唱部に入りました。中1の時には先輩がたくさんいたのに中2になったら3年がいなくなっちゃって、2年、3年と続けて部長を務めることに。3年の夏にはNHK全国学校音楽コンクールに出しましたが、後にいきものがかりで課題曲を提供させていただけるなんてその時は思いもしませんでした。中学時代は勉強して、合唱部で歌って、夏はミュージカルにいそしんで、みたいな超がつくほどまじめな生活。当時はルーズソックス（懐かしい！）が流行っていて友達はだらーっとしたやつをはいていましたが、私は先生に怒られたくない！ってはけなかったし、スカートも短くできなくて。まじめというか小心者なんですよね。

　その頃、本当に男の子が苦手でした。異性を意識しすぎたのもあったと思うし、男の子たちが下ネタを言いながらからかってくるのが苦手で、それで赤面症になっちゃって。でも、顔が真っ赤になるから余計にからかわれるんですよね。そのうち「文化祭の合唱よかったよな！」とかほめられても真っ赤になっちゃうように。なんですが、文化祭の合唱では誰よりも率先してやっちゃうという（笑）。強くなれるのは、必ず歌の時でした。まるでちびまる子ちゃんに出てくるキャラクターのように「男子はちゃんと歌ってください!!女子はいい感じです！」みたいな（笑）。歌になると楽しくて自分が出せたからでしょうね。その頃、ゆずさんに出会うんです。部屋でラジオを聴きながら宿題をしていた時、ふと流れてきたイントロで衝撃を受けて、歌を聴いて大興奮!!!!　それがゆずさんの「夏色」でした。合唱部の中でも「ゆずさんの曲はいいよね！」と盛り上がっていて、私は友人と廊下ライブをすることになったのでした。

廊下ライブとバンドへの憧れ

　当時仲よくなったリエと2人で、学校の昼休みに始めたのが "路上ライブ" ならぬ "廊下ライブ" でした。合唱部はいつも音楽室で活動するんですけど、音楽室の前の廊下に1か所くぼんだ場所があって、そこでリエと一緒にゆずの曲をアカペラで歌うことにしたんです。歌うのはすごく楽しいのに、やっぱり基本はシャイな女子。今でも緊張しいですから廊下ライブも始めるまでは緊張していたとは思うんですけど、廊下だから聴きたくない人はそのまま通り過ぎちゃうじゃないですか。聴く人がいなければ緊張しないから楽しいし、人が寄ってきてくれたら興味を持ってくれてるわけだから楽しい。だから、人がいてもいなくても楽しめたんです。

　それまで歌うのは合唱だった私が、バンドをやりたいなって思ったきっかけは中学の卒業式の謝恩会でした。学校の中でも目立っていた男の子2人が THE BLUE HEARTS さんの曲を歌ったんです。私は体育館の後ろのほうに座っていたんですけど、その子たちが歌ってるのを見て「うわ！ いいな〜！」って思っちゃって、思わず椅子から立ち上がってノリノリに（笑）。それが自分の中でバンドをやってみたい！って思うきっかけになりました。音楽好きな兄は高1からバンドをやっていたし、謝恩会で男の子たちが気持ちよさそうに歌っていたことにも刺激されましたね。それから引っ込み思案だった自分を変えたい気持ちもあって、高校では男女混合のバンドを組んでみたくなったんです。中学の自分はガリ勉で規則正しくルーズソックスもはかず、スカートも短くなくまじめだったので、高校生になったらいろいろデビューしたい！ いや、絶対にするぞー！って、謝恩会で楽しそうに歌う男子たちを見ながら思っていました。

廊下ライブを一緒にしたリエと。

玉突き告白

　からかわれても、ほめられても。顔がすぐ赤くなっちゃうことも
あって男の子と話すのが苦手だったとはいえ、中学時代の私にも気
になる人がいたんですよ。それは塾で同じクラスだった、違う中学
に通っていた男の子。ちょっと小柄で、いつもトレーナーを着てい
て。友達の間ではいじられ役みたいな感じの、誰からも好かれそう
な、優しそうな子でした。顔の感じでいうと、今思うとゆずの岩沢
さんに似ていたかも！（笑）。その片思いをしていた彼に、中学の卒
業式の日に人生で初めての告白をすることになるの……で、す、が。
それがなんと、一度も話したこともない相手だったんです（苦笑）。
そんなことあるの？？って思う人がいるかもしれませんけど、私は
男の子と話をすると顔が赤くなっちゃうし、塾でも男の子たちとは
全然しゃべることもなくて。学校では少しくらい話しましたけど、
目立つタイプの男の子となんて、照れてしまうからとても（汗）。
その男の子は、かっこいいというよりもかわいいタイプだったとい
うのもあるし、仲間内のやりとりなんかをコソコソ見ていて、友達
思いだったり素朴な人柄がかっこいいなと。話をしたことはなかっ
たんですけど、密かに思いを寄せていたんですね。

　まずはその男の子と同じ中学に通っていた女の子の友達に頼んで、
その子にサイン帳を書いてもらうことに成功！　そして中学の卒業
式の日、そこに書いてあった番号に電話をかけることにしました。
一度も話したこともない相手に突然の電話をするなんて、シャイな
自分がなんでそんな行動に出られたのか？というと、その日に同じ
中学の男の子から突然、告白されたからなんです。この事件、私は
「玉突き告白」って呼んでるんですけど、告白されたことでなぜだか

勇気が出ちゃって、私も告白しよう！って。その前に同じ中学の告白してくれた男の子には「ゴメンなさい！」って言いました。

　好きだった男の子はたくさん友達がいたんです。とにかくいい子でしたからね！って、話をしたこともないんですから、もちろんただの想像なんですけど（笑）。で、その子の家に、勢いに任せてまさに玉突き状態で「もしもし、南毛利中学の吉岡聖恵と言いますが、私のことわかりますか？」って電話しました。するとちょうどその時に、その子の家に塾の男の子たちが集まっていたみたいで。電話の向こうから「それ誰だ、俺は知らね〜ぞ」「あいつだよ！　端っこに座ってた南中の！」なんて騒いでるのが聞こえてきたんですよ。私はもう、勢いがついてるからそんなことも構わずに「ずっと好きだったんです！」って初めての告白！　でも、たぶん、私が誰だかもよくわかっていないまま「じゃあ……友達で！」って言われてみごとに振られました（笑）。風のうわさでは、家庭を築かれて、幸せに暮らしていらっしゃるそうです。大人になってから、厚木市役所に行った時に、とても似ている人を見かけたんですけど、さすがに声はかけられませんでした。

　その頃、よく聴いていた曲がゆずさんの「いつか」でした。塾に行く時にはいつも聴いていたこともあって、今でも「いつか」を聴くとその人のことや、突然電話したことを思い出しますね。私の生まれて初めての告白は、みごとに振られてしまったんですけど、その時の私は告白できただけで、ものすごーく満足していたんです。なぜなら自分を変えるきっかけを作れたから。中学の卒業と同時にシャイな部分にサヨナラして、自分を変えたかったんだと思います。

4

シャイな自分とサヨナラ！
の高校時代

まずは見た目で憧れの個性派に

　高校に進学する時は「自分を変えるぞ！」「赤面症を克服するぞ！」「シャイな自分とサヨナラするぞ！」とめちゃくちゃ気合いが入っていたんですが、そのためにこだわったのが見た目でした。

　まず、自分にとって大事だったのが通学用の自転車の色！　どうしても大好きなピンク色の自転車で通学したい！　絶対にピンクがいい！と思っていたんですが、近所のホームセンターには当然そんな色の自転車は置いてなくて。あったとしてもよくあるパールっぽいピンクで、私が欲しかったのは"まっピンク"でした。そんな時、ある自転車のカタログに「特注でお好きな色にすることができます」って文字を発見（やったー！）。入学祝いだということでお母さんにおねだりして"いちごミルク"色にしてもらった自転車の入手に成功！　自慢の自転車になりました☆

　もちろんファッションにもこだわりたい年頃。早速買いに行ったのは、中学の時には先生の目を気にして手を出すことができなかったルーズソックス（笑）。入学して間もなく、同級生の間ではラルフ ローレンが流行っていてみんなが着始めたんですけど、私は個性派を求めていたのでもっと違うものを！と考えた結果、たどり着いたのがノーブランドの、ピンクのベストでした。わかりやすく例えると、オードリーの春日さんみたいな感じなんですけどね（笑）。あとは通学で履くローファーもよくある平べったいのじゃなくて丸っこいパンみたいに分厚くて、しかも黒じゃなくて茶色いのを選んでみたり、冬にはワインレッドみたいなカラーのコートを自分なりに着てみたりしたりして。人と違うことがやりたくなった、とにかく個性を出したくて仕方がなかった高校生時代でした。

"キ→ヨ♪エ♪"から"キ♪ヨエ↘"へ

　高校の入学式の後、クラスで自己紹介の時間があったんですけど、それはそれは張り切っていたんです。新しい環境は自分を変えるために大事なタイミングだって考えていたし、臨機応変じゃない自分もわかっていたから言うことも決めていたので。それが、のちに親友になる子からも「あの時はちょっと引いたんだよね！（苦笑）」と言われちゃった、私からみんなに"呼び方リクエスト事件"です。中学の時は普通の発音で"キ→ヨ♪エ♪"って呼ばれていたんですけど、その頃の私は個性派を目指していたから、人からも普通じゃない発音で呼ばれたかったんですね（笑）。それで「南毛利中学校から来ました吉岡聖恵と言います。私のことはキ♪ヨエ↘って呼んでください！」って言ったんですが、その印象がかなり強かったみたいで。それからは誰ひとりとして私のことをキ→ヨ♪エ♪とは呼ばず、全員からキ♪ヨエ↘と呼ばれるようになりました（笑）。

　夏休みには校則を破って髪の毛を染めちゃったりしたからか、中学の同級生の間では「吉岡がギャルになった！」ってうわさが流れていたそうです（笑）。当時は「CUTiE」とか「Junie」とかが流行っていたし、私はYUKIさんが大好きだったからギャルっていうより個性派のつもりだったんですけどね。入学した時は髪の毛を思いきってショートにして、その後パーマをかけたり。ヘアピンやブリキのおもちゃなんかを文化屋雑貨店で買ったりして、個性派への道を進み始めました（笑）。見た目はギャルのようだったらしいんですが、それでも内心はまだ赤面症のキ→ヨ♪エ♪が残っていて。もっと自分を変えたい！　新しい環境で弾けたい！って思いが、みんなからキ♪ヨエ↘って呼んでもらうことで何歩か前へ進めました。

前髪切りすぎたかな?

初めて、軽音部の発表会で歌った日。音楽室の前にて。

ピンクの自転車で通学中！

すぐにつながった仲間も
音楽がきっかけ

　入学してすぐのこと。隣の席に座っていた厚木の中学出身の子に話しかけたらすごい性格が合っちゃって、すぐにCDを貸し借りする仲になったんです。その子（みーちゃん）が鍵盤をやっていたので、いつか一緒にバンドをやりたいねって話していたら、2人の後ろの席に座っていたY君がドラムで、N君がギターで、という感じで、周りにバンドに興味を持っている子たちが集まっていたんです。こんなふうに、すぐに音楽で人とつながって、みんなとはとても仲よくなりました。私自身は中学の時にやっていたボイトレの仲間に誘われていたので、そこにみーちゃんも誘って外部でJ-POPのバンドを組んだりしていたんですけど、当時の海老名高校もすごくバンドが盛んだったので、高校でも男女混合のバンドを組むことに。後ろの席に座っていたY君はL'Arc〜en〜Cielを歌っていたんですけど、本人はとってもシャイで、誰かが話しかけてもそれほど言葉が多くは返ってこないみたいなタイプでした。本当にすごくシャイだけど優しくて性格がいい子で、何より歌がめちゃくちゃうまくて。気がついたらみーちゃんと私はめちゃくちゃY君のことが気になっていて、とても特別な存在になっていたんです。

　私は中学2年から今までずっと日記をつけ続けています。今書いているのは、日記というより自分の夢を叶えるためのノートみたいなものですけど、高校生の頃はみーちゃんと2人でそれぞれ日記をつけていて、学校に持って行って見せ合うみたいなこともしていました（笑）。その日記でもY君のここがかっこいいとか、ここが好きとかをそれぞれ書いていたんですが、気がついたら彼女も私もY君への気持ちを伝えたくて、詞を書くようになっていました。

ミュージックサークルに参加して

　母が新聞の折り込みチラシの中に入っていた「一緒に音楽をやりましょう！」っていうミュージックサークルの募集を見つけてくれたんです。場所は家から自転車で 30 分くらいのところにあるから行ってみたら？って。そこは H さんっていう方がプロデュース業みたいなのをやっていたんですけど、ひとりで行くのもなんだし仲よくなったみーちゃんを誘って一緒に通うようになりました。そこでは H さんが曲を作って、みーちゃんが詞をつけて、私が歌うみたいなことをやっていて、その頃の私とみーちゃんは H さんに音楽を教えてもらいつつも、Y 君への気持ちを歌詞にしたくて仕方がなかったんです！ だから私もたくさん歌詞を書いていたんですけど、なぜだか（というか理由はあるんでしょうけど）いつもみーちゃんのが選ばれて、私のは１度も採用されませんでした（笑）。

　その時に、H さんのところで一緒に作った「雨の日、♡（ハート）な日」という曲があります。＜突然の夕立　雨宿り　今日は少しうれしかった＞って歌詞から始まる曲なんですけど、それは私たちがバンドの練習をしていた時の話がそのまま歌詞になってるんですね。そろそろ帰らなきゃって時に急に雨が降ってきたから、下駄箱のところでやむのを待っていて。その間、私たちは Y 君としゃべっていられたから雨に感謝しながら、でも、できることならまだやまないでいて！って願っていた、というエピソードなんですね。その曲はレコーディングしたんですよ。H さんと一緒に作ったその曲をひっさげて、ラジオ番組に出たことも。沼津にある FM 局に行って、いろいろしゃべった覚えがありますね。みーちゃんと会うと、今でも２人で一緒に「雨の日、♡な日」を歌います。

51

強豪放送部で
朗読から得た"歌い方"

　高校では軽音部に入りましたが、それとは別に放送部にも所属していたんです。海老名高校の放送部は強豪で、目指していたものが NHK 杯全国高校放送コンテスト、そしてもうひとつが、アンデパンダンっていう神奈川県の大会でした。私は朗読部門とラジオドラマ部門に参加していたんですが、ラジオドラマ部門ではキャラクターを演じたんですよ。私はキャサリンっていうぬいぐるみの役で「こずえちゃん、なんで自分の言いたいことを言えないの？」と、ぬいぐるみが人をさとすという。かなりファンタジーが入っているんですけど、結構いい話だった覚えがありますね。

　ラジオドラマの勉強は、以前海老名高校にいた朗読の得意な先生が足柄高校にいたので、そこまで教わりに通っていたんです。NHKのコンテストは県大会で朗読とアナウンス部門で 6 位までに入ると全国大会に行けるんですけど、私は高 1 の時に、神奈川地区の大会で朗読部門の 6 位になったんです。ギリギリセーフ！という微妙な順位でしたけど、そのおかげでアナウンサーさんから朗読を教わることになりました。その際の指導で、今でも鮮明に覚えているのが「あなたはさ行が弱い！」と言われたこと。その時は「さ、さ行ですか？」みたいな感じでしたが、今頃になって朗読から教わったことが本当に多かった！と気づかされることが結構あるんですよね。あと、神奈川の高校で講習を受けた時、そこにすっごくきれいで優しくて、この方が女子アナになれなかったらおかしい！って自分的に思う方がいたんです。そして、私がデビューして、「ミュージックステーション」に出演させていただいた後に「聖恵ちゃん！」って声かけてくれたのがその時の女性。テレビ朝日のアナウンサーに

なられていた矢島悠子さんなんです。高校1年生だった私のことを覚えていてもらえたのはうれしかったですね。もちろん私も覚えていました。当時から輝いていらっしゃいましたからね！

　放送部での活動にもたくさんの思い出がありますが、中でも朗読を教えてもらっていた足柄高校の先生の言葉は、今の私の歌い方につながっています。朗読って説明の文章と台詞があるんですけど、私が当然のように気持ちを込めて、感情移入して読んでいたら「登場人物そのものにならないで！」って言われたんです。朗読するのに、その人物を演じないで！ってどういうこと？と思ったら、朗読は台詞を読むんじゃなくてその状況を説明するものだから、その人物にならない、演じないのが朗読なんだって教えてくれました。例えば魔女の話でも、魔女そのものにはならずに魔女が伝わるように読む、と。朗読ってどこか俯瞰して見ているところがありますが、私は今でも朗読するように歌うことを意識しています。例えば「123恋がはじまる」だったら、30歳を過ぎた私がなりきっていたら少し痛いかもしれない。でも、恋が始まる人がいるよ！って、自分がそのものにならないでちょっと距離を置いたほうが伝わる気がするんです。その感覚がいきものがかりの歌を歌う上でとても大事で。「ブルーバード」と「ありがとう」は人格が違うので、「ブルーバード」で髪を振り乱して、「ありがとう」の前にくしで髪を整えていたらライブでは次に進めません。なりきるんじゃなくて、演じすぎず朗読するように歌うということは大事にしていて、足柄高校の先生の言葉が今も響いています。朗読は自分にとってすごく大切で、いつか声の仕事があったらやりたいなって思っています。

初めての、彼

　高１の冬、１月に初めて彼氏ができました！　それまではみーちゃ
んと２人してＹ君が憧れの存在でしたけど、今考えるとファンみ
たいな感覚でした。夏祭りも女子から誘ってＹ君とＮ君と４人で行
って、でも２人ともＹ君のことが気になって仕方がないみたいな。
そのために浴衣を着て、マニキュアをちょっと大人っぽくワイン色
に塗ってみたり。でも、なかなかＹ君には近づけない中で、みーち
ゃんはＹ君に告白したんですよ。うわっ、一歩リードされた！って
思ったんですけど、みーちゃんもうまくいかなくて。でもＹ君も彼
女を作らないから、結局みんなで仲がよかったんですけどね。

　で、彼氏の話に戻ります。同じ学年のほかのクラスに、ひときわ
目を引く男の子がいました。身長が高くて、ひょろっとしていて優
しい感じで、そしておしゃれで。軽音部を仕切ってるような子でし
たがサッカー部も掛け持ちしてて、当時は彼女がいたんです。で、
私が年末辺りに「その子のことが気になる！」ってみーちゃんに話
していたらしくて、でも日記を読み返すと４月の時点で「私、あ
の人と付き合いたい！」みたいなことが書いてあって（笑）。「あの
人と付き合えるくらい活発になりたい」みたいな意味なんですけど
ね。その頃、彼女と自然消滅的な感じになっているとうわさに聞い
ていたので突然電話して「私、〇組の吉岡聖恵というものですけ
ど、友達になってください！」って言ったんです。その日の話はす
ごく盛り上がって次の日も、またその次の日も電話しました。その
人は私のことを、なんとなくしか知らなかったんですけどね（笑）。
３日目の電話で「もし彼女と別れたら私と付き合ってください！」
って告白したんです。そうしたらしばらくして「別れたよ」って連

絡が来ました。ほとんど顔を合わせないまま電話で盛り上がって、会話だけで付き合い始めるっていう（笑）。いや、顔を見ないで話したから、照れずに告白することができたのかもしれません。

　その人との忘れられないエピソードがあります。休みの日に、彼の家の近くの公園で一緒にお弁当を食べていたんですが、それが風の強い日だったから、私のハードコンタクトがゴロゴロってなって、目をこすったら原っぱの中に落ちちゃって……。結構探しても見つからないし、しかたなくそのまま家に帰ったんですけど、夜になって彼から「ちょっと表に出てきて」って連絡があって。家の前に出てみたら、彼がバイクに乗って現れて「はい、コレ！」ってコンタクトレンズが！　どうやって探したの？って聞いたら、大体の場所はわかっていたから懐中電灯で照らしながらずっと探してくれていたって。その人とは結局お別れすることになってしまったんですが、私の中ではとても思い出に残っている人です。

ドキドキの
江の島水族館にて。

ジュディマロ

　高校の時って体育祭とか文化祭が盛り上がりますよね！ 私は体育祭では有志でダンスをやっていました。あんまり踊るのは得意じゃなかったんですけどね（笑）。その練習に行く途中、高２の時はaikoさんの『桜の木の下』、高３の時には『夏服』というアルバムの曲たちを、友達と歌っていた思い出があります。

　私が特に大好きだったのは文化祭。文化際には後夜祭があって、校内投票で選ばれし３バンドだけが体育館で歌うことができました。高２になった時に高３の先輩からジュディマリのコピーやろうぜ！って誘われて「ジュディマロ」ってバンドを組んでいたんですが、誘ってくれた先輩が人気があったからだと思うんですけど、後夜祭に出られることになったんです！ 私はJUDY AND MARYさんの解散の時のライブDVDを見て衣装をまねて作ったり。今考えるとなんのまねにもなっていないんですけどね（笑）。高３の時はみーちゃんやN君たちとジュディマリのコピーバンドをやって、その時も後夜祭に出て。高校時代は音楽を中心に思う存分楽しみました。

　高校１年生の11月からいきものがかりをやっていたこともあって、高校では友達や知り合いがいっぱい増えました。下の学年の子からもキヨエ先輩知ってるとか、知らない人から「いきものがかりの子だよね！」と言われたり。音楽によって、バンドによって、いろんな人たちとつながることができました。私の人脈は子供の頃から今までほとんどが音楽のつながりです。違うクラスの子が今日路上でしょ！って声かけてくれるようになって、高校生最後の路上ライブは友達が本当にいっぱい来てくれて。音楽で自信を深めることができて、音楽で人とつながることを感じた高校生活でした。

いつもみんなでワイワイ。部室にて。

憧れの後夜祭の舞台。楽しかった！

音大に行きたい！

　高校１年生の時から夏休みには毎年、昭和音楽大学短期大学にあるミュージカルコースの夏期講習に参加していました。それは小学校から通っていたピアノの先生が「聖恵ちゃん、行ってみない？」ってすすめてくれたからなんですけど。実は先生が「聖恵ちゃんの歌には特別な何かがあると思います。だから進んでみてもいいと思います！」って、陰で母にすすめてくれていたんですね。そのピアノの先生は昭和音楽大学のピアノ科の卒業生で、ピアノ科の先生って副科で声楽を習わないといけないんですけど、その先生が教わっていた声楽の先生に私も教わりに行くことになったんです。

　両親は合唱団もすすめてくれたし、ミュージカルの夏期講習の送り迎えもしてくれたり、全面的に私の音楽活動を賛成してくれていたんですが、路上ライブは心配だったみたい。高校時代のいきものがかりについてはこの後話しますが、高校時代の門限は21時で、路上ライブで門限に間に合わなくて父に怒られたこともありました。とはいえ、心配しつつも路上ライブも認めてくれていたのに、反対されたのが音大に行くことでした。夏期講習に参加するたびに、私は音大に行きたい！って思っていましたが、父と母にその思いを話したところ「音大はつぶしがきかないよ。やめなさい！」と。私は「どうしても行きたいの!!」って部屋に立てこもって抵抗しました。今考えると、声楽のレッスン代ってお金がかかるし、音大って道が絞られるし、今なら親が止める気持ちもよくわかります。それで両親に「歌が好きなのはわかるけど、本当に覚悟はあるの？」って聞かれて。私は泣きながら、立てこもっていた部屋から出て「お願いします、行かせてください！」と頭を下げました。

ちなみに高校での成績は、からっきしでした。放送とバンドと、後半は声楽も習い始めていたから勉強どころじゃなくて……っていうのは言い訳ですが(笑)。音大に行きたいという気持ちが固まっていくにつれて、歌の活動ばかりしていました。なぜ私が音大のミュージカルコースに行きたかったかというと、やっぱり歌手になりたかったんですよね。いきものがかりの路上ライブも楽しかったけど、学年が１つ上の２人に「そろそろ受験だから」と言われていったん解散にしていたこともあって、その後は男子２人の気持ちも確認していなかったし、それこそ部活みたいな楽しさでやっていたので。私が音大に行くと決めたのは歌を極めたいって思ったから。夏休みに通っていたミュージカルコースの先生からイタリア歌曲のベルカント唱法は世界で一番の発声法だから勉強したほうがいいって言われた瞬間に、「私、ベルカント唱法を勉強するっ！」ってなって、その最高峰を学ぶために絶対音大に行く！って。ミュージカルコースに行けば演技も歌に役に立つし、ダンスも歌に役に立つし、バレエも歌に役に立つし、その全部が歌に役に立つだろうから絶対いいなと思ってました。短大を選んだのも、４年制大学に通っちゃったら歌手になるには遅いのかな？って。いきものがかりをいったん置いておいても、早く歌手になりたい気持ちはありました。大学時代にまたいきものがかりの２人に熱く誘われるまで、当時は流行っていたテレビ番組のオーディションでもなんでもいいから受けて、私は絶対歌手になるんだ！と思っていて。でも、その気持ちを誰にも言いませんでした。高校の頃はまだ、いきものがかりの３人でプロになるんだ！って意思疎通をしていなかったんです。

chapter

5

いきものがかりの
始まり

「暇だろ？ 来いよ」で結成!?

　水野君と山下君（当時はそう呼んでました）のいきものがかりに初めて参加したのは、忘れもしない高校1年の11月3日でした。この日に結成！ということなんですが、実際には飛び入り参加みたいな形での始まりだったんです。そのきっかけを作ってくれたのは、当時バンドをやっていた1歳上の兄でした。その頃、兄は物置の中にドラムセットを持ってきてバンド仲間と練習をしていたので、メンバーがよく家に遊びに来ていたんです。おそらくそんな時に、私が部屋で歌っているのを兄のバンドの誰かが聴いたんでしょうね。「お前の妹、歌うまいよな！」なんて言ってくれたみたいで。その頃、兄のバンドとは別でしたけど、そのバンド仲間のような距離でやっていた水野君たちが、女性ボーカルを探してると兄の友達が聞いてきて、そこに兄が「うちの妹、結構いけるよ！」みたいに伝えてくれたことがきっかけになったんです。

　最初に呼ばれたのはいきものがかりではなくて、椎名林檎さんのコピーバンドを組むという話からでした。もちろん私も林檎さんを聴いていたし、兄のバンドメンバー半分と水野君のバンドのメンバー半分が集まったバンドのボーカルとして呼ばれ、そこで初めて水野君に会ったんです。その時のバンド名は「2047」。"2000年代の椎名（47）林檎"、みたいなイメージでしたね（笑）。

　そのバンドのリーダーが水野君だったんですが、そこで私は水野君が路上ライブをやっていることを知ったんです。私は廊下ライブをやっていた中学時代からずっと路上ライブに憧れていて、駅前で歌ったらいったい何人の人が振り向いてくれるんだろう？ 楽器も何もできないけど、とにかく人前で歌ってみたい！ という気持ち

が強かったので、水野君に「私も路上ライブをやりたいです！」と
メールで連絡してみたんです。その時、偶然ですが水野君と山下君
が一緒にバスに乗っていて、しかも「あの子誘いたいな！」って私
の話をしていた時にちょうどメールが届いたらしくて。そして11
月3日、家にいたら兄から電話がかかってきたんです。相模大野に
ある女子校の文化祭の日を狙って、水野君と山下君が路上ライブに
出ていたらしいんですが、それで「お前暇だろ？　来いよ！」って兄
から連絡が来て、とにかくあわてて電車に飛び乗りました。

　到着した相模大野の駅前にはすでに人がいっぱい。もちろん、そ
の中心にいたのが水野君と山下君の2人。初めて会った山下君には
「こんにちはー！」とあいさつしただけで、すぐにキーを合わせて
もらって「夏色」を歌いました。突然訪れた、憧れの路上ライブの
実現がうれしすぎて、楽しむというよりも本当に興奮しちゃって！

　お客さんの中にはすでに2人のファンだった女子たちもいたか
ら、突然来たどこの馬の骨ともわからない女子が合流して歌い始め
たのには結構ドン引きしていたみたい（笑）。そりゃ「いったいなん
なの、この子？」みたいな感じですよね（苦笑）。私はまーったく
そんな空気を読まないで、夢中になって楽しく歌って。帰りの電車
の中では、2人に「ねえ、ねえ、次は何やる？」みたいに尋ねて、
それから気がつくと今に至るというか（笑）。いきものがかりの結
成は「これから3人で一緒に、夢を目指していこうぜっ！」みたい
な熱い感じの話は何もなくて、初めて参加した私は「次は何やる？」
って。3人になったってゆるーい感じで、とはいえ何も違和感がな
く、自然な感じでいきものがかりは進んでいきました。

ライブ前の練習中。いざ、路上へ!

路上をやっていた、本厚木駅北口にて。
いつもこの場所で歌っていました。

男子メンバーの作る曲は
当時からすごかった！

　いきものがかりの、男子メンバーとの路上ライブはあまりにも自然でした。初めて山下君にあいさつした瞬間のことは結構覚えていて、わーなんかモテそうだなぁって思って（笑）。水野君はいつもどおりでした。帰りの電車の中で、私が水野君に「（当時猿岩石だった）有吉さんに似てますよねー」って言ったらしいんですけど、そんなことも覚えてないくらい、自然に2人の中に入っていけました。

　当時3人でカバーしていたのは、aiko さんの「カブトムシ」だったり Something ELse さんの「ラストチャンス」、あとはサザンオールスターズさんの「TSUNAMI」とか、ゆずさんの「春風」だったんですけど、それに2人のオリジナル曲が3曲ぐらいありました。2人と一緒にいることに違和感を感じなかったのは、2人が作ってくれる曲を、好きな J-POP と同じ感覚で受け入れられたから。山下君が書いた「地球」とか、水野君が書いた「赤い傘」とか「からくり」って曲を当時の J-POP の曲と同じようにいいなと感じていたから、当時の2人の曲は今でもすんなり入ってくるんです。高校生が作ったからじゃなくて、aiko さんの曲も、サザンの桑田さんの曲もいい曲。そして水野君の曲も山下君の曲もいい曲。曲がいいなぁ〜って感覚で歌えたから、路上ライブも楽しかったんです。

　2人はひとつ年上なので、私が高校2年生の時に大学受験でした。「勉強に専念するから、いきものがかりはしばらく休みね」って言われるまでは、毎週水曜日に路上ライブをし続けていました。少しの間、相模大野駅でもやりましたが、その後は本厚木駅北口のマツモトキヨシの前で、水曜日の17時からやってたんです。高校の制服を着たまま2人はギターを、私はタンバリンを持って。

路上デビューとおばあちゃん

　いきものがかりに参加した 11 月 3 日の路上ライブは、正確に言うと私史上、2 回目の路上ライブでした。同じ中学だった男の子が本厚木駅で学校帰りに路上ライブをやっていたので、中学の時にその子から「路上ライブを見に来なよ！」って言われたことがあったんですけど、その頃はまだシャイだった“キ→ヨ♪エ♪”は、行きたくても行けなかったんですね。でも、高校に進んだ私は“キ♪ヨエ↘”になってるから（笑）、彼が駅前で歌ってるのを見つけ、近づいていって「ねぇ。私に歌わせてくんない？」って言ったんです。初めての路上ライブはその子の伴奏で歌ったんですが、その時に歩いている人が何人か止まってくれたんです。　自分が歌い出した瞬間に、パッて反応があって。そしてひとりのおばあちゃんが、歌い終わった後で私のほうに近づいてきて、開けていたギターケースに 1000 円入れてくれて！　え、私の歌で 1000 円！みたいな（笑）。お金が欲しかったわけじゃないですけど、1000 円も入れてくれたことにはびっくりしたし、何よりおばあちゃんが私の歌で立ち止まってくれたのがうれしくて。その時演奏してくれた男の子にとっては、なんじゃお前って感じだったと思うんですけど（笑）、私にとっては歌い出した瞬間に、周りの人の肩がピクッと動くっていうか、反応があったのが衝撃的でした。見知らぬおばあちゃんが反応してくれて「がんばってね」と言ってくれたことも自信になったし、やっぱり路上ライブをやりたい！って気持ちが強くなったんです。いつも通ってる駅なんだけど、全然知らない人が私の歌にピクッて反応してくれた、あの感じが不思議でした。今でも「がんばってね」と言ってくれたおばあちゃんのことは忘れられません。

先輩後輩とも違う存在のままで

　私は厚木に住んでいて海老名高校に通っていたんですけど、水野君と山下君は私と逆で、海老名に住んでいて厚木高校に通っていました。だから、1学年違うとはいえ、私が高2の時までは毎朝2人とは、どこかですれ違うはずなんですね。でも山下君は遅刻ギリギリの時間になって、キックボードに乗って颯爽と学校に現れるみたいな人だったそうで、私の通学時間とは重ならなかったんです。当時カットモデルとかもやっていたからか、山下君は髪の毛が3色になっていた時期もあったみたい(笑)。

　で、登校の話に戻すと、水野君とは時々すれ違ったんですよ。生粋のあいさつ人間の私は、50m、100m先でも水野君を見つけたら、大きな声で「おはよーーっ!!」って。すれ違うたびに何度もあいさつしているのに、水野君は真顔でまーっすぐ前を向いたまま自転車をこいで通り過ぎてばかりでした。ある時、あまりにも無反応だからひょっとしたら聞こえてないのかな?と、すれ違う時にめちゃくちゃ大きな声で「おっはよーーっ!!!」て言ったんですけど、それでも無視されちゃって。後から「ねえ、ねえ、なんであいさつしてくれないの?」って聞いたら「俺もしてたって。それよりさ、道端で女の子から大きな声であいさつとかされたら、こっちは恥ずかしいんだって!」って言うから、あいさつが恥ずかしいなんて思ったこともない私は「あれであいさつしてたつもりなんだ。じゃあお辞儀の角度が小さすぎるよね! あれじゃわかんないよ(笑)」みたいな話をしたことを思い出しました(笑)。

　いきものがかりは、男子2人、そして私もお互いの出会いに運命とか衝撃のような特別な感情はなくて、すーっと入れて、あの頃か

ら今までの間ずっと当たり前のような存在。毎週一緒に路上ライブ
する仲でしたけど、3人で遊びに行ったこともなくて、行ったのは
ライブの後のラーメンくらいかな。でも、その距離感もありがたか
ったんです。私が赤面症だったりして2人にも時々赤面しちゃった
りしてたんですけど、そこをうまくスルーしてくれるっていうか。
ある意味、私のことをすごく悟ってくれていた部分はあると思うん
です。扱い方がうまいというか。もちろんぶつかる時もあったけ
ど、3人いるから絶妙な三角形ができてるんだな、とは思いますね。
2人がクールで計算ができる頭がいいタイプで、私がよくしゃべり、
よく笑い、よく泣くみたいなタイプで（笑）、そこは3人のコント
ラストがバランスよく出ていて。当時から山下君は自由人だったし、
水野君は自分なりのこだわりが強い意志みたいなのがありました。
そして私はといえば、何事にもストレートで「歌いたいから、歌っ
てる！」みたいな。ナイーブなところもあるけど、歌になるとスパ
ッと行くところがありましたね。3人の個性が全然違うからこその
距離感だったり、関係は友達じゃないし、先輩後輩とも違うし、い
きものがかりはいきものがかりでしかないっていう。よく、夫婦の
ことは夫婦にしかわからないとかいうじゃないですか？　それと同
じように、いきものがかりはいきものがかりでしかないんだと思い
ます。ちなみに2人からよく言われていたのは「聖恵は歌がめちゃ
くちゃうまいかというと、そうじゃない。歌がうまいだけの人なら
いっぱいいるし」って。もう、少しくらいはほめてくれればいいの
に！ってずーっと思っていたんですけど（笑）、放牧後は、前と比
べてほめられるようになりましたね。

chapter

6

音大に進んだのに、
歌えなくなってしまった

KDの後遺症

　まじめな中学生が、突然KD（高校デビュー）をしたじゃないですか。するとやっぱり自分の中にひずみが出て、高校3年ぐらいから疲れ始めていたんです。歌という武器があったから積極的にいっちゃっていただけで、いっぱい友達はできたけど、気を使って疲れちゃったり。そういうのが表れ始めて、高3の頃から徐々に迷いの森へと入っていきました。自分ってなんなんだろう、何を迷ってるんだろうって。自分の性格を分析するとすごい振り幅があって、些細なことでも気にしてしまって。「あの人、私が言ったことを、こういうふうにとらえて気を悪くしてるんじゃないか？」とか。赤面症も言い換えたら単なる勘繰りすぎ。顔が赤くなったって、それで終わりでいいじゃないですか。気にしいなんですよね。メンタルは強いわけじゃないのに、とてつもなく無理をし続けていただけ。

　恋愛にしてもこの人のことが大好き！大好き！大好き！って思ってるのに、ふと無になる瞬間があったり、真っ白になるその瞬間がすごく怖かったし。いきものがかりで「僕はここにいる」という私が作詞・作曲した曲があるんですけど、＜どうして僕のそばにいてくれるのですか　僕のそばに　どうして涙を流すのですか　僕がいないと＞って。普通付き合ったらその理由なんて深く考えないじゃないですか？　でも私は「なんで私なんかといてくれるんだろう？」って気持ちが生まれてしまって。心を開いて懐いているように見えても、やっぱりどこかで心を開いていなかったんでしょうね。

　最近まで、私は歌のほうが本当のことを言ってるんじゃないかと思ってました。歌のほうが真実なんじゃないかなって。こういう自分の話は、この本を出すまで友達以外に話したことがないから恥ず

かしいんですけど、人との距離の取り方が、うまそうに見えて下手なんだと思います。大家族の中で育って、性格的にもみんなに笑ってほしいっていう気持ちがすごく強くて、気を使うし、サービス精神が裏目に出て人の気持ちばかり考えていたら、自分の気持ちがわかんなくなっちゃったり。あと、高校時代はなりたい自分に近づきたくて、そっちに走りすぎちゃったんだと思います。

その道のりは続いていて、「いきものがかりの吉岡聖恵」だけになっちゃっていた時期があって。たぶん、人に求められる自分を演じちゃう傾向があるんですよね。女友達ともほとんどケンカしたことがないし、中学や高校の時の女友達の中で私は絶対三枚目で、みんなを笑わせていたいし。テレビに出る時はおとなしそうで「ありがとう」とか歌っていて、いい子みたいに映っていたと思うんです。それって、人に喜んでもらいたい気持ちももちろんあるけれど、本当の自分をさらすのが怖いというか、傷つきたくない弱気なところもあるんだと思います。先に話した小学校時代ってとても幸せそうだったり、中学では歌に助けられながらいろんな経験をしてきたんですけど、自分はそこまで個性が強いとか、とんがってるとかではなくて、芸術肌の人たちと比べたらめちゃくちゃ普通。大きくつまずいたこともなかったし、今思えば一度歌えなくなったのは大事だったのかもしれません。とにかく高校で個性派のキ⤴ヨエ⤵を続けてひずみが出て疲れて。音大に進んだのに大好きだった歌うことがストレスになって、自分の行き場や存在自体がなくなっちゃったんです。歌えなくなったのはだんだんと。声楽の歌い方と自分の思っていた歌い方との間で揺れたことが一番の原因でした。

大学時代の日記

あたしの全てだったの。歌うことが。

心の中の叫び声を、いつも歌にこめてた。

だから誰かに分かってほしくて、みとめてほしくて、

ちいさいあたしをわかってほしくて、だからずっと、歌ってた。

歌には生きる喜びとさみしさとせつなさと

言葉にしたらこわれちゃうあたしの気持ちをふきこんでいた。

だから大切に歌えたの。なんのためらいもなく、疑いもなく。

さみしかった気持ちをぶつけた。おもいっきり自分をさらけだした。

なんで歌えなくなってしまったんだろう。

太陽や小鳥やライオンやサメやイルカや

草や、海やくもや、朝やけや夕やけ　そして月みたく歌いたかった。

ただ自由に歌いたかった。さみしかったから。

けど、きっと傷ついたんだと思う。悩み過ぎた。

どーしてかなぁ。もっと柔らかくゆっくり進めばよかったの？

くだらないプライドだったのかしら？　いちばん大切なものを奪われて、

息ができないのと同じように苦しいや。

息するみたくあたりまえに歌っていたから。

神様、歌えなくなったコトリはどうしたらいいの？

歌えなくなったカナリヤ。息するのと同じように歌ってた。

そういう自分がいたことに気が付いた。はじめて。

これは、無心になってしまったあたしだからこそ分かったことなのかも。

何も考えず、喜びに似た歌を歌える日は来るのかな。

なんて弱いんだろう。なさけない。マジで。

けど、これが今の私だ。目を逸らしてる場合じゃあない。

2002 年 8 月 27 日 1 時 16 分

歌うことが苦しくて

　これは大学 1 年、2002 年の夏の日の日記。いきものがかりの 3
人で初めてライブハウスを経験するのは 2003 年 6 月 2 日なんです
が、その前ぐらいまで、私はずっと悩み続けていたんです。それは
大好きだった歌を歌うことが、苦しくなってしまっていたから。

　音大に進みたかった私はめでたく昭和音楽大学短期大学のミュー
ジカルコースに入りました。クラス全員が女子で 25 人。授業では
ジャズダンスやタップダンス、バレエ、演技、ピアノや歌の個人レ
ッスン、それから狂言までありました。いろいろな授業があったん
ですが、私が一番求めていたのはもちろん声楽、ベルカント唱法で
した。私が門下に入っていた U 先生は長い間現役でいらっしゃっ
て、70 歳を過ぎても歌っていた方。個人レッスンでイタリア歌曲
や日本歌曲を歌うんですけど、学びに行ったのがクラシックだった
から、今までとは声の出し方が全然違ったんです。

　それまでは地声で歌っていて、自分が持っていたのが太い地声と
細い裏声だったんですけど、イタリア歌曲では太い安定した高音が
求められました。今思えば、そのイタリア歌曲を歌う発声法を習得
できなかったのが一番つらい部分だったのかな。ミュージカルコー
スに入って、おいしいところだけ歌に生かそうっていうのは、当然
ながら甘い考えだったんです。歌は唯一自分が好きなことで、自分
の最大の武器だったのに。歌うことで友達を作ったり、人とつなが
ることができたり、それまで歌は、自分にとっていいものでしかな
かった。趣味でありストレス発散法であり、歌っていればいいとこ
ろに行けたし、歌うことで自分を保てていました。

　それなのに、クラシックの歌い方では全然声が安定しなくて、思

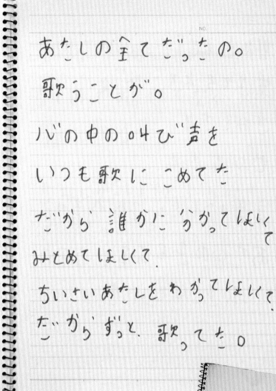

あたしの全てだったの。
歌うことが。
心の中の叫び声を
いつも歌にこめてた
だから 誰かに分かってほしくて
みとめてほしくて.
ちいさいあたしをわかってほしくて.
だから ずっと、歌ってた。

2002年8月27日の日記より。

ったように歌えなくなって。イタリア歌曲を初めて歌って、おなか
から声を出すこととか、高音を安定させることができなくて。自分
ってなんだろうって不安定な時期になっちゃって。歌うことで自分
を保ってきたのに、歌が自分を助けてくれるもので、武装させてく
れるものでもあり、コミュニケーションの手段だったのに。それが
使えなくなったら、本当に立ち止まっちゃったっていうか、よどん
じゃったっていうか。それまでだったら嫌なことがあっても歌えば
気持ちが晴れた。でも、大学に入ったら大好きだったものが苦しい
ものに変わっちゃって。それまでは自由に歌って友達に「歌うまい
ね〜！」とか言われて、いい気になっていたぶん苦しかったんです。
声を出す……違う。声を出す……わからない。声を出す……気持ち
悪い、って。歌うことが気持ちいいことで好きなことだったのに、
自分の声が気持ち悪くなって、ふさがっちゃったんですよね。

　水野君と山下君は浪人して、私はストレートで合格したので、同
じ年に全員大学１年生になっていました。２人は浪人シーズン中、
地元のコミュニティセンターの学習室で一緒に勉強していたらしい
んですが、休憩すると言いつつ外のベンチに座っては「いきものが
かりでこうしたい」「バンドをつけてライブハウスでやりたい」「路
上じゃなくて次のステップに行きたい」って、いきものがかりで生
きていこうと夢を膨らませていたことを後で聞きました。私は当時
そのことを知らなかったんですが、しばらく連絡を取っていない間
に２人はどんどん新曲も作っていたんです。その間私はひとり、声
楽で壁にぶつかり、先が見えなくなっていて。先生もいろいろ指導
してくれたんですけど、それが余計に苦しい日々でした。

音大生は似た者同士

　同じクラスのミュージカルコースにいた 25 人って、今思うと似た者同士でした。見た目はめちゃくちゃ明るくて、いつもうるさくて（笑）。音大って上品なイメージがあると思うんですが、私たちはいつもジャージを着て学食でそばとか定食を食べて騒いでる、女子の運動部みたいな感じでした。みんな明るいんだけど、裏を返すと繊細で、志が明確なぶん自分に足りない何かを感じていたり。それぞれが悩みがちで、似た者同士が集まっていて。だからこそ常にはしゃいでたんですよね。そうした中でも親しくなったのが大学の入学式の時、4 月なのに白い T シャツ 1 枚で赤いハイカットのコンバースを履いていた背が高い元気な女の子。後に親友になるちいちゃんは、暗黒時代の私をずっと支えてくれた恩人です。私はちいちゃんには悩みを打ち明けていたので、いつも「キヨちゃん大丈夫？大丈夫？」って気にしてくれて。厚木駅からバスで通学していたんですけど、帰り際、バスを降りて 30 秒とか 1 分たったぐらいで、すぐにちいちゃんからメールが届くんです。「今日も楽しかったね」「大丈夫だった？ 今日は」って、とても気にしてくれていました。

　当時の私は落ち込んだ状態が続いていたので、心配されることが面倒というか、うざく感じちゃうような精神状態。それでちいちゃんと 1 回だけケンカしてるんですが、その時私が送った文句が「お願いだからメールの量を 1/3 にして！」って（笑）。今では笑い話ですけどね。後に厚木のライブハウスで、いきものがかり初のワンマンライブをやった時もクラスの子はほぼ全員来てくれました。みんなとても優しくて、人情に厚くて、音楽が好きだし、いきものがかりのことも応援してくれていました。

レッスン室や舞台裏ではいつもこんな感じでした。

chapter

7

救世主と
初ライブハウス

北風と太陽

　歌うこともつらくて路上ライブなんて気持ちにもなれない中、水野君、リーダーはずっと連絡をくれました。「それで、どうなんだ？」みたいな電話をくれるんですけど、思春期の娘とお父さんみたいな感じで「私の気持ちなんてわかんないくせにっ！」とぶつかっていましたが、1年弱くらいの間ずっと説得してくれました。

　山下君、ほっちはまったく逆のアプローチでした。仲間とカラオケだったり海だったり。私を遊びに連れて行ってくれるんです。そして大学1年の終わり頃、ほっちに海老名の喫茶店に呼び出されました。「もう、曲も用意してる。良樹も俺もお前とやりたいと思ってる。いつまで立ち止まったままでいるの？」と言われたんです。「今までは路上だったけど、バンドをつけてライブハウスでやろうって考えてるんだよ」って。「でも、できるかわからないし」と答えるのが精いっぱいだった私に「やってダメならやめればいいし、できればもうけもんじゃん！」って印象的なことを、わかりやすく言ってくれたんです。それで「そうか！」って。それまでさんざん悩んでおきながら、私はその場で「やるっ！」って答えました。その時、リーダーは自動車免許を取りに山形へ合宿に行っていたので、ほっちが「おい、聖恵が落ちたぞ！」って電話したら「な、なにーっ!!」みたいな感じだったみたい（笑）。リーダーは、ほっちがカラオケや海で私のことをほだしていたことを知りませんでした。私はこのことを"北風と太陽"って呼んでいます（笑）。リーダーに「俺の1年間はなんだったんだっ！」って言われましたけど、終わりよければすべてよしで（リーダーごめん！笑）。ちゃんと歌えるかわからないままでしたが、また3人でやろうということが決まりました。

日本語で歌う、
日本語なら歌える

　大学の授業で印象的だったのは、声楽のＵ先生から「しかられて、という言葉だったら"しか"と"らーれーて"の間で切るのはおかしい」って言われたこと。日本歌曲は日本語のまま歌いなさい！ってことなんです。リズムを出したいからと意味のあるひとつの言葉を途中で切るのはだめで、日本歌曲は日本語を美しく歌うことが目的とされていました。ですが、そういう歌い方がしみついていったからか、J-POP を歌うのがすごく苦手になっていたんです。その頃、唯一「はっ！」と気づかせてくれたのが、森山直太朗さんの「生きとし生ける物へ」でした。

　初めてテレビで聴いた時、コーラスの「生きとし〜」って声が耳に入ってきたんですけどそれが声楽っぽくて。聴いている時は雷に打たれたような衝撃で涙も出てきて「私、生きてるんだぁ！」って。ひどく落ち込んだ状態が続いていても、周りには明るいように振る舞っていたこともあってか、余計に感情が無になっていた時で。歌えないことで感情が止まっちゃっていて、喜怒哀楽がないような感じだったんですけど、その歌には衝撃を受けていたんです。それで、森山直太朗さんの CD をさかのぼって聴いていました。自分の中で声楽に近いものを感じていたので、抵抗なく聴けたんですね。

　今でもずっとライブにお邪魔させていただいていますが、自分を復活させてくれた曲が J-POP で言うと「生きとし生ける物へ」でした。「歌えるようになりたい、歌えるようになりたい」って毎日思っていたけど、男子２人に救い上げてもらい、声楽モードの自分でいきものがかりが走り出した感じでした。ちょっとずつ闇が明けていくというか、自分で踏み出せるようになりました。

初のライブハウス

　大学2年になった頃、3人での路上ライブが復活したんですが、高校の時とは違うものになっていました。それは路上のお客さんを増やして、そのお客さんたちにライブハウスに来てもらおう！という目的があったからです。リーダーとほっちはその気持ちがすごくて、プロデューサーのように考えてくれていたみたいで。リーダーが自己紹介の文章を考えて、それをほっちが印刷したりして、私はそこにいて歌うだけ！みたいな状態になっていました。あと、高校の時との違いは機材！ 黄色いCRATEのアンプにマイクとギターをつなげて、低音が出せるようになったんです。でも、歌い方はやっぱり声楽的。ミュージカルで演じるような方向に向かっていたので、路上ライブでも曲の役になる感じでした。「失恋した女」だったら失恋した気分だし、「地球」だったら少年の気分。なりきるような歌い方でしたね。その頃「花は桜 君は美し」っていうファンの皆さんの間でも人気な曲をリーダーが書いてきたんです。

　ワンマンライブのために路上のお客さんを増やし続けた結果、初めてライブができたのが2003年6月。最初は海老名に100人か200人くらいのライブハウスがあったのでそこに電話したんですが、何回かけても出なくて。その頃は元気が戻ってきたので私が電話していたんですけど、つながらないなぁと思っている時に厚木に新しいライブハウスができたのを思い出して、連絡したらちょうど空いていて。300人規模のライブハウス、サンダースネイク厚木を目指すことになりました。メンバーの社交性に比例したチケットの分担枚数があって、それぞれが売るチケットはほっちが150枚、私が100枚、リーダーが50枚。大学のクラスメートはもちろん、

高校の友達も来てくれました。初めてのCDも、ワンマンライブの後にライブハウスの社長に声をかけられて録りました。インディーズのCDですね。バンドをつけて2日で5曲。ライブではベースとキーボードの子がリーダーとほっちの同級生で、ドラムの子が私の高校の友達という、地元の友人たちがサポートメンバーでした。

　ライブは客席に友達がいっぱいでした。地元の友達も大学の友達も来てくれて。うれしかったのは友達がいきものがかりを待っていてくれたこと。「"いきもの"どうなってるの？　やらないの？」って声をかけてくれる人がいたとはいえ、今考えるとアマチュアが300人集められるって、インディーズでもないバンドがしばらく休止していたことを思えば奇跡的なことでした。すごく緊張したけど、ライブのために衣装を選んだことも含めて楽しかったです。迷彩風にペイントされたパンツで、上はRNAかなんかのタンクトップで、ボーイッシュな感じでしたね。CDができてからもサンダースネイク厚木では何回もライブをやることになるんですが、2004年8月にやったワンマンライブの時の日記にはこう書いてありました。

SEが鳴ってマイクスタンドについた時、
体に電流が走って、体の芯にびりびりと入ってきた。
あれは電流だったのだった。
聖恵やりなさい！　いいからやりなさい！
繰り返し励まされていた。
私、絶対スターになるよ！

サンダースネイク厚木での
ワンマンライブ。

ライブチケットのパスと、その日の日記。

初代マネージャーさんとの出会い

　厚木のライブハウス、サンダースネイク厚木の店員さんはみんな髪の毛が長くて、しかも胸とか腰まであるような、ロン毛の人たちばっかり。指輪とかもジャラジャラしていて、店長さんは金髪で。そうなんです、サンダースネイク厚木は基本的にロックとかヘビメタの人たちが演奏するライブハウスでした。だからお店に貼ってあるポスターもロックとかビジュアル系とかで、基本、どのポスターも黒が基調なんですよ。そんな中に、海老名の公園で３人がピースしてる１枚が！　もちろん、いきものがかりなんですけどね（笑）。

　そのライブハウスの壁で浮きすぎて、逆に目立っていた初のワンマンライブのポスターを見て「一体なんなの、この子たち‼」と、私たちのことを気にしてくれた方がいたんです。それが、後にいきものがかりの初代マネージャーになる市村さんでした。まさに、私たちを拾ってくれた、東京のお母さん的な存在です。市村さんはずっとプリンセス プリンセスを担当されていた方で、今でも岸谷香さんのマネージメントをしていらっしゃいます。

　私の父と母と同い年の市村さんが、明らかに違和感のあるポスターから、いきものがかりのことを店長に尋ねてくれたことがすべての始まりでした。そこから音を聴いてくれて、私の歌声だったり、２人の作る曲だったりを認めて、ワンマンライブを見に来てくれて。そこで私たちのキャラクターも気に入ってもらえて、インディーズのCDを事務所の社長さんに持っていってくれました。私たちはそこからデビューまですごく忙しくて記憶が曖昧なんですが、ライブハウスに立ってから事務所が決まるまでの、デビューに向けた道のりを歩んでいることだけは確実に感じていました。

初めてのワンマンライブの手作りフライヤー。原本です！

トライアングル

　いきものがかりでの活動が現実的になって、男子２人は就活をしていませんでした。一橋大学と法政大学だから頭もよかったし、音楽で生きていくぞ！なんて熱い約束も交わした覚えはないんですが、３人とも同じ方向に走っていました。２人がみこしをかついでくれていたので私はすごく自由に、感情のままにやってぶつかったりもしたんですけど、基本的には２人が持ち上げてくれたおかげで「いきものがかりで食べていくんだ」って本気になっていきました。

　その頃、呼んでくれるところがあればどこへでも歌いに行っていました。覚えているのが横浜のクラブ。深夜12時を過ぎたあたりに、３人で出てたことがあったんです。練習の時にはかなり確認して「ノスタルジア」というオリジナル曲をやったんですけど、本番では練習とテンポがかなり違ったんです。その帰り道、私がめちゃくちゃ怒って「ねえ、なんであんなにテンポ違ったの？ あんたたちは頭がいいからつぶしがきくけどさー、私にはもう歌しかないんだからねっ！」ってすごく怒ったんですよ。そしたらほっちが「なんだよ、今までなんもやってなかったのに、急にやる気になりやがって!!」って（笑）。それぐらい私は本気になっていました。歌えなくなっていたのに、一緒にやりたいって声をかけてもらってからは、ずっと突っ走ってましたね。それは２人と一緒に歌手になりたいという思い。２人がいてくれるから、細かいことを考えずに頼ることができて。一緒にやることを渋っていたけど２人が誘ってくれたことは本当にありがたいことだなって。２人がいないとどこで気持ちを立て直せていたかわかりません。リーダーとほっちの、北風と太陽効果のおかげで、私は今ここにいられます。

リーダーはまじめで、リーダーらしく先頭で舵を切ってくれます。ほっちはすごく自由人で、でも意外と俯瞰していて、ゆるく見守っていてくれて。大学の時、誰にも言えない悩みがあって、それを2人に相談したことがあったんですが、それぞれ全然違う意見だったんですけど、2人がみごとにその悩みを解決してくれたんです。やっぱりいい距離感なんですよね。かつて大先輩アーティストが長くバンドを続けるための秘訣として、「熱くも冷たくもなく、ぬるい関係」みたいなことを言っていて「それだよなーー!!」って2人が納得していました。もちろん2人のことでわからない部分もあるけど、理解してくれているし知ってくれてるし、2人はやっぱり特別ですね。私の性格を心得ているというか、ある意味、本当に「いきものがかり」なんです（笑）。吉岡聖恵の扱い方、コントロールの仕方をわかってる。よき理解者というより正しく理解してるっていうか、取り扱いを心得てる。ある部分では、私だって2人を転がしているかもしれませんけどね（笑）。友達でもないし、恋人でもないし、家族でもないし、でも特別な存在。メンバーはメンバーでしかない、この感じが独特ですね。この絶妙なバランスがうまく言えないけど、ハマってるから3人なんでしょうね。誰か2人が盛り上がると、ひとりが引いてみたり。ひとりが調子に乗ると2人が厳しくしたり。引っ張り合うんですよ、グループの中で。3人で作るのが正三角形の時もあるし、それがきれいな二等辺三角形を描く時も。角度がその都度違うからデザインは変わるけど、ずっと三角形だから引っ張ったり寄ったりしながら。全部寄っちゃうと点になっちゃうけど、ずーっと三角形だから、それがいいんですよね。

chapter

8

初代ディレクターと
インディーズ

実力のなさを思い知らされた反復練習

　事務所がキューブに決まり、2004年に『七色こんにゃく』というアルバムを出すことになりました。その中に収録されている「真夏のエレジー」という曲で、リスナーからの人気投票でランキングが決まるFMヨコハマのインディーズバンド番組「YOKOHAMA MUSIC AWARD」に参加したんです。自分たちの曲がラジオから流れてきた時はもう、信じられないというか夢のような感覚！　それまで感じたことがなかったうれしさで、それぞれが「ラジオの前で正座して聴いたよね」って、言い合うような感じでした。残念ながら1位はとれなかったんですけど、それがきっかけでFMヨコハマで番組のレギュラーをいただけることにもなりました。

　そして『七色こんにゃく』がエピックレコードジャパンの方の目にとまり、デビューに向けてやっていこう！という話になるんですが、そこで現れたのがエピックの初代ディレクターさんでした。過去の曲とは別に、エピックで新しいアルバムを作る話になって「コイスルオトメ」「月とあたしと冷蔵庫」「ちこくしちゃうよ」「くちづけ」をレコーディングしたんですけど、2005年頃の私はまだ、ミュージカルのように曲の人になりきる歌い方でした。

　自分たちの歌をいろいろ録るわけですが、路上出身でミュージカルを通ってきた私がバンドサウンドに声をのせると「ポップスの歌い方じゃない！」って、声の出し方を訓練させられることに。その方法はディレクターさんが持ってきた曲を、歌っているアーティストさんと同じブレスの位置で、声色や歌い方をまねして歌うというものでした。徹底的にまねすることでそれまでの癖をなくさせて、ポップスの歌い方を意識させる目的だったんです。レコーディング

スタジオには、マイク越しの声を波形で表示する機械があるんですけど、私の声の波形を見ながら「聖恵ちゃんは低音が足りていないね。聖恵ちゃんの声は高音が目立って、芯が足りないんだよ」などと的確な指摘をもらいながら1年、もう1年。その間、男子2人はひたすら曲を作り続けて、私は歌うことに向き合い続けて。2人は大学に行きながら、私はバイトしながらの特訓でした。

　ディレクターさんは私のことを考えて、足りない部分を指導してくださっていたんですが、当時の私にはきついものがあって。とにかく歌うことの繰り返しで、自分でもよくしたい、よくなろうとしても、指導してもらうようには歌えないことが続いてしまって。不甲斐なさからスタジオを飛び出したこともありました。その当時、もうやめたほうがいいのかな、なんて思いすら出てきてしまって。ある時、スタジオ近くのハンバーガー屋さんのトイレで、鏡の中の自分に「もうやめちゃいなよ!」って言ったことがありました。でも鏡の中の自分はやめそうにない堂々とした表情をしていて。それを見て、やめようと考えるのをやめました。音大で歌えない時のつらさは逃げることができたんです。やりたいのは声楽ではなくて、その先にあるポップスだったから。その頃と違うのは、やりたいことをやっているはずなのと、まずはディレクターさんに認めてもらえなければ、当時の実力では先に行けないということでした。

「まず、目の前にいる人を納得させなければお客さんには届かないよ」と言われながらも、私は負けず嫌いなので、心の奥のほうでは「よーし、じゃあやってやるよ!」みたいな感じで、それから、何度も何度も、繰り返し繰り返し、歌い続けていきました。

聖恵ちゃん、
あの頃の歌い方だよっ!!

　ポップスを歌うための日々のトレーニングでは、ディレクターさんがいろんな角度からアドバイスや情報をくれました。「コイスルオトメ」のインディーズ時代の MV はクールな表情で歌っているように見えますが、MV 撮影に臨む前はミュージカルに打ち込んでいたこともあり大げさに表情をつけていました。そんな時にディレクターさんが見せてくれたのが aiko さんの「カブトムシ」の MV でした。aiko さんは決して大げさな表情をすることなどなく、何気ないままでいるのにものすごく切なくて。女性らしさと、さりげないんだけど存在感がすごくて。その頃の私は気持ちを表情で持っていこうと、表そうとしていたのですから真逆ですよね。

　当時、ディレクターさんはあらゆる参考音源を用意してくれていました。私がどうしても、ポップスにおけるドラムのリズムに乗ることができなかったのが理由です。路上ライブではアコースティックギターの音色にボーカルをのせていたので、ドラムのリズムにはまだ慣れていなかったんですね。自分からスタジオに入って、同じ曲を繰り返し数十回歌い込んでいたところを見に来てくれたディレクターさんが、アドバイスをくれたこともありました。その時にめちゃくちゃ叩き込まれたからか、今はテンポが速い曲が好きになりました。メジャーデビューシングルは「SAKURA」、セカンドシングルは「HANABI」ですが、「SAKURA」は路上ライブで持っていたものを出す感じだったけど、「HANABI」は全然違うものだったので苦労したんです。だけど、当時のおかげですごく好きになったし、歌っていて楽しいし。こういう曲を作って！ってメンバーに言うくらい、ドラムががっつり入ってる曲が好きになったのは、その時に

鍛えてもらえたから。デビュー前のディレクターさんによるレッスンで、いろんなタイプの歌が歌えるようになりました。

　私は一度目指すものを決めると頑固なんで、じゃあこの人を納得させるためにやる！ってその方向に思いきり走っていきました。「くやしいけど、そうなんだろう。くやしいけど、やってみよう」って。そうしたレッスンの中で、ほめられることもあれば、厳しく指導を受けることもありました。でも、それは私たちの方向性を定めてくれていたんです。そしてある時ディレクターさんが、私たちが高校生の時の路上ライブのビデオを見たんですよ。当時の歌い方を、つまりミュージカル的になる前の自由に、心から楽しんで歌っていた、そのままの歌い方を見たら「聖恵ちゃん！ あの頃の歌い方だよっ!!」と言ってくれたんです。それで、遠回りもしましたけど、いろんなことを学びながら自分自身の歌い方に戻ることになりました。大学の頃は、裏声やビブラートも結構使った繊細な声でした。でも、いきものがかりの曲にはバラードもあれば、それこそロックなアレンジ曲も今ではたくさんあるので、ひとつ芯が通った歌い方にするために、私がどうやって歌うのが一番よいのかを、エピックの初代ディレクターさんが探してくれていたんです。その答えがインディーズの前の、路上ライブの頃の歌声だった、と。この歌い方でいこう！となったその理由をディレクターさんに尋ねてみたら「聖恵ちゃんの歌声は強くて、儚くも明るくて、朴訥だから、そのままの強くて明るい声を、大きくまっすぐ出していけば間違いない！」とのことでした。それ以降、私は「強くて明るい声を大きくまっすぐ出す」ことを意識して歌うようになりました。

方向性が定まった

　いきものがかりの歌には、"僕"も、"私"も、"あたし"も、"僕ら"もいるんです。いろんな曲にいろんな主人公がいて、いろんな季節があって。それぞれの物語があるんですね。それを私が地声で歌っている曲もあれば、ビブラートで歌っている曲もあれば、好きなアーティストさんの歌い方を意識しながら歌っているものもあれば。メジャーデビューする前、ボーカリストとしてまだ1本筋が通っていなかった私を、初代ディレクターさんがフォローしながら見つけ出してくれた、「強くて明るくまっすぐな声」という1本の軸。今となっては私も大人になりましたし、もっともっといろんな歌い方や声のバリエーションを持つことを意識していますけど、あの当時に「強くて明るくまっすぐな声」を、ひとつの武器としてやっていこう！ということを見つけ出してくれた初代ディレクターさんには、本当に感謝しています。

　当時の、出口が見えないレッスンが続いていたことを、今でも男子メンバーと一緒に笑いながらぼやくこともあるんですが（笑）、2人に聞いてみたところ、デビュー曲の「SAKURA」には、かなりの数の歌詞を用意していたというので、私の反復練習とはまた違った方法で、ディレクターさんからの素敵な指導があったんだと思います（笑）。そのディレクターさんとはインディーズのアルバムを1枚、そしてメジャーデビューしてからはシングルが5枚、あと、ファーストアルバムを1枚。私たちの、いきものがかりのすごく大事な時間を、濃厚な時間を過ごさせてもらいました。

　そのディレクターさんは、歌い方だけではなく、実は衣装の面でも私の軸になることを言ってくれていました。インディーズ時代の

ワンマンライブで、私は gomme というブランドのワンピースを着ていて。ラフォーレ原宿に、自分で探しに行って選んだ服でした。インディーズ時代、厚木市文化会館で歌ったことがありましたけど、もともと自分の中にはそのステージ上でのイメージがあったんですね。バラードもアコースティックっぽい曲もあるんだから、1着はワンピースにして、そしてもうひとつはカジュアルに、デニムにしようと思っていました。それで1着が白いロングワンピースと、もうひとつはストレートのデニムに、白地にカラフルな柄が入ったリメイクTシャツを合わせて、スニーカーも白でした。

　その時の、ワンピースとデニムという2つのスタイルが、今の衣装の原型でもあるのかな。私の衣装は初期がデニムで、中期がワンピースを着ていますから。インディーズ時代の厚木市文化会館ライブの時は自分の勘で、やっぱりワンピースもデニムも両方とも必要だよ〜って思ったから、ライブの途中でワンピースからデニムに着替えたんです。その時にディレクターさんが「聖恵ちゃん、足長いね！ デニムで行こう！」って言ってくれて。それから私の衣装は、デニムにTシャツというスタイルになりました。そのディレクターさんは、私たちのために、曲や歌詞や歌い方だけじゃなくて、いきものがかりの元となるものをきちんと探してくれていたんですよね。そう思うと、いきものがかりとしての一番大きな壁ってメジャーデビューする前だったのかもしれません。もちろん、これまで何度も壁にはぶつかってきましたし、今でも常にいろんな壁がありますけど、最初に大衆に向かうためのとても大きなハードルは、その方の存在があって超えることができました。

インディーズ時代から作詞もしています

　2005年、インディーズのアルバム『人生すごろくだべ。』の中に「月とあたしと冷蔵庫」と「ちこくしちゃうよ」という、私が作詞をして初めてレコーディングした曲があります。＜真夜中に一人きり冷蔵庫をあけて　窓開けて虫の声を聞いて＞。書きためていたノートをほっちに渡したら、この歌詞に注目してくれて広げてくれて、次に会った時にはもう曲になっていました。「ちこくしちゃうよ」は先にほっちのメロディがあってそこに私が詞をつけはじめて、最終的には私が1番、ほっちが2番を書きました。レコーディングスタジオでプリプロ（仮レコーディング）をしている時に歌のテイクをセレクトしてもらう作業があるんですが、そのスタジオの二重扉の外で待っている間に書いたのが、アルバム『I』に収録されている「東京」。これは作曲もしていて、詞にはセレクトを待っていて夜が明けてくる様子と、そのまま明けちゃった朝の気持ちを書いていました。この3曲は、鍛えられているメジャーデビュー前に書いたものなのでここでお伝えしたんですけど、要は私も作詞してますよ！ということでご紹介させていただきました（笑）。

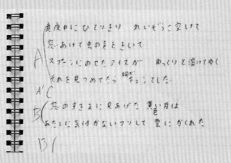

ほっちに渡した私の作詞ノート。

お気に入りのフライヤー。インディーズ時代。

ポスター貼ったったらええやん

　2006年にメジャーデビューする前のことなんですが、初めて神奈川を出てライブをしたことがあったんです。向かった先は大阪！「ミナミホイール」っていう、いくつかの会場でいろんなアーティストが何日かにわたって出演するイベントに参加したんですね。FMヨコハマのスタッフさんも一緒に車で7〜8時間かけて、車内でラジオの収録をしながら大阪に到着しました。インディーズの頃、神奈川でもちらほらとライブハウスでやってはいましたけど、ライブのために他県に行くのは初めてだったし、前日に着いたから少し余裕もあって、大阪にいるんだから食べに行かなきゃね！ってことでお好み焼き屋さんに行くことにしたんですが、隣に青果店を発見！長旅の疲れを癒やすべくビタミンをとりたくなった私は、お好み焼き屋さんに入るその前に、ひとりで果物を買うことにしたんです。ビタミンCといえばみかんかな、なーんて考えながら少しだけ買おうとしたんですけど、「ばら売りはないねん」って言われちゃって。仕方がないのでまとめて買ったんですが、お買い物をしていた時の私の言葉が関西弁じゃなかったから、お店の人から「あんた、どこから来たん？」みたいな話になったんですね。それで「実は神奈川から来ていて、明日がライブなんです!!」って言ったら、帰ってきた言葉が「そしたら、この店にポスター貼ったったらええやん！」。

　うわーーー！これが大阪かー!!これが人情かー!!!!って思っていたら、なんとフルーツのおまけまでしてくれて。私にとって初めての大阪だったこともあるんですけど、その時の「ポスター貼ったったらええやん！」って言葉が衝撃的すぎて、大阪はすごい！って。で、その翌日にステージに立ったんですけど、メジャーデビューも

していないバンドが初めての大阪で。お客さんはまあまあ入ってい
たんですが、もちろん、誰もいきものがかりのことなんて知らなくて。
ステージ上の私たちとお客さんの間には、確実に距離があったんで
すよ。さらに初めての場所での緊張もあってか、私はしゃべろう
と思ったことを忘れて、ステージの上で言葉に詰まっちゃったん
です。そしたら会ったこともない客席のお兄さんが、沈黙に耐えき
れなかったみたいで「それからどしたーー！」って大きな声で叫
んでくれて。それで「あ、それからね〜」って話を進めることがで
きて、ライブも順調に過ぎていきました。無名のバンドにもいろい
ろしてくれて大阪の人たちって本当に温かいなぁ、ってしみじみし
たんですけど、その時のことは、今話しているだけでも鳥肌なんで
すよ。「ポスター貼ったったらええやん！」と「それからどした一
ー！」の話は、これまでライブなんかでもよく話してきたのでファ
ンの方はご存じでしょうけど、人情と温かさを感じることができた
ので、初の地方ライブが大阪で本当によかった、めちゃめちゃあり
がたかったでー！って思ってます（笑）。

　いきものがかりは、全国各地で愛していただいて。デビュー曲
「SAKURA」はNTT東日本のCMソングになり、放送されると北海道
でもすごく反応をいただきましたし、福岡で最初のライブハウスで
はかなりお客さん入ってるな！と思ったら、イベンターの方が集め
てくれていたり。今ではアリーナでライブをさせていただけるよう
になり、北から南までそれぞれの場所に思い出がありますが、お客
さんやそれぞれの地域の温かさに触れられたことはこれまでもそし
てこれからも、いきものがかりの宝です。

chapter

9

メジャー
デビューで叶う夢

Mステ出ませんか？

　私は「ミュージックステーション（Mステ）」で歌うのが夢でした！デビュー前から赤いワンピースを着て、ちょっとロングの髪でステージの真ん中で歌うイメージがあって。今考えるとそれが「ありがとう」じゃないかなって思ったり。私は思ってることが実現していくんですが、Mステの夢も驚くほど早く叶いました。

　2006年3月15日に、メジャーデビューシングル「SAKURA」を出した後、ラフォーレ原宿の前に組まれた特設ステージでゲリラライブをしたんですが、歌い終わってステージを降りたところで、会ったことのない男性から「今度のMステに出ませんか？」って言われたんです！ その時はまさに、シンデレラになった気分でした!! たぶん、いや間違いなくエピックさんやマネージャーさんが呼んでくれていた関係者さんだったとは思うんですけど、見つけ出してもらったっていうか、思ってもいないタイミングでガラスの靴を差し出されちゃってどうしよう！みたいな感覚でした。

　当日のリハーサルは、それまでテレビで見てきたベンチに座った瞬間、喜びとうれしさと感動で涙が出てきちゃって。本番では泣けないから、泣くんだったら今しかない！ で、涙！ みたいな（笑）。メンバーには笑われたんですけど、本当にうれしくてうれしくて。今でもMステは緊張するんですが、それはこの番組が私にとって永遠の夢で、ずっと憧れてきたから。学生の頃はMステの翌日は必ず話題になったし、J-POPが大好きだったから（今もね。笑）、私たちがくぎづけになって見ていた憧れの舞台で。ほんと、食い入るように見てましたからね。だからこそ、その憧れのベンチに座っている、私っていったいなにーーーっ!!! みたいな。でも、ここに座

ったからには本番は決めるしかない、と肝は据わっていました。

　当時は気を張ってないと崩れちゃいそうな、緊張感の塊みたいな感じでした。今も現場に行けば緊張しますけど、緊張よりもしっかり立たなくちゃっていう思いのほうが強くなりましたね。AIさんが「あんたの歌最高だよ！」って言ってくれた時は本当にうれしかったし、TOKIOの長瀬さんが「すごくよかったですよ！」って声をかけてくださったこともありました。自分の中ではどんなに憧れの人がいても騒いじゃいけない！ 自分は演者で歌うために来ていて、騒ぐために来てるんじゃない！って言い聞かせていたので、表には出しませんでしたが、内心はめちゃめちゃミーハーな感覚もあったんですよね（笑）。とにかく初めてのMステは楽しかった！ そういえば、その時の衣装もデニムに黄色いTシャツでした。

記念すべきファーストシングル。

111

aikoさんとのタグ事件

　2006年の12月、初めて「ミュージックステーション スペシャル スーパーライブ」に出演させていただいた時に、大好きで仕方なかったaikoさんに初めてお会いできました！ 自分の列の後ろにaikoさんがいらっしゃるとわかっていたから「どうしよう！ いろんなところで好きって言ってるし、私の気持ち知っててくれるかな！ でも話しかけるのは失礼かな、ドキドキ」みたいに思いながら背後の気配を感じ、背中はガチガチになっていたんです。そしたら誰かが私の首の後ろをごそごそと触ってくるので、えっ！なんだ？って振り返ったらaikoさんが「Tシャツにタグついてんで！」って。「いやーーーー!!!! 最初の会話がタグだなんて！」と思いつつも冷静を装い「あ、そ、そうです。そうです。タグです、タグ！」みたいだったか、気が動転していてそんな感じで答え、とにかく緊張しすぎていたので、その時はあいさつぐらいしかできませんでした。その後、私がaikoさんのことを好きだっていうのを知り合いのライターさんが伝えてくださっていて、aikoさんから直筆のお手紙をいただくことに！ タグがきっかけの初対面の後は、いくつかの歌番組でもお会いできて、お手紙のやり取りや、一緒に湘南の海に行ったりできる仲になったんです。そして、会うたびにaikoさんからいろんな名言をいただくんですよ。私が周りからはみだしてしまう部分などを悩んでいる時には「聖恵ちゃん、人と違うって感じる部分、それってアーティストにとっては教養やで！」って、コンプレックスすらプラスになるよっていうことを教えてくださって、すべてが報われたというか。そうしたアドバイスから、すぐにテンパることやパニクることも私の個性なんだ！って思えるようになったん

です。その個性は全部歌に活かせるんだよって、ほかの方からは出てこないような言葉をいただきました。私は尊敬する方々の言葉をまとめています。"先輩ファイル"って呼んでいるんですが、その時のaikoさんの言葉も、もちろんそこにメモしてあります。

　大好きで大好きで仕方なかったaikoさんとお話ができたきっかけが、Tシャツのタグっていうのは笑っちゃいますが、憧れの人と同じステージに立てたのはすごいことでした。でも同時に、そこで満足しちゃいけないっていう気持ちもあって。あと、こういう業界ですからデビューした後は派手なお誘いとかがあるんですよ。〇〇さんたちとパーティしない？とか。交友関係を広げる会みたいなのがたくさんあったんですけど「そんなこと気にしてちゃいけない！」っていう思いが強くて。まじめなんですかね、私（笑）。

　いろんな活動ができていることは、今でも驚いているかもしれません。「よかったね！自分！」って言ってあげて、そこからまた進んでいくっていう。Mステに出ることは夢だったし、そこで自分が歌って喜んでもらえるとか、グループの曲がみんなに伝わったとか、それもすべてが夢でした。でも、あのアーティストさんと同じステージに立つのが夢、とはあまり考えていなくて。もちろんうれしいことなんですけど、自分がすごいことをしてる！とは考えないようにしてきたのかも。こうして自分を振り返っている時に気づかされることかもしれませんね。こんなに人の前に出られて、それは絶対すごいこと。ただ、浮かれちゃいそうになる気持ちを戒めてる感じはいつもあって。そんな感じで喜びや葛藤を繰り返しながら、怒涛の日々を送ることになっていきました。

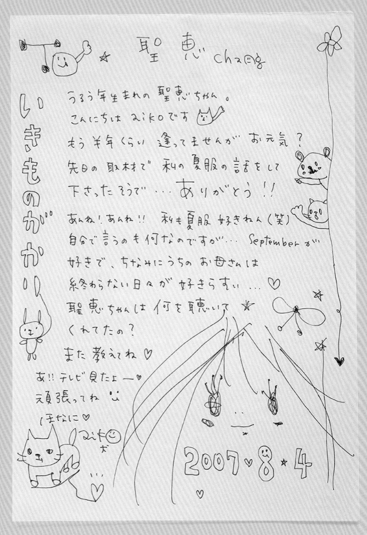

★ 聖恵change

いきものがかり

うるう年生まれの聖恵ちゃん。
こんにちは aiko です
もう半年くらい 逢ってませんが お元気？
先日の取材で 私の夏服の話をして
下さったそうで…ありがとう！！

あんね！あんね！！ 私も夏服 好きねん（笑）
自分で言うのも何なのですが… September が
好きで、ちなみにうちの お母さんは
終わらない日々が 好きらすぃ…♡
聖恵ちゃんは 何を聴いて
くれてたの？
また教えてね♡
あ!! テレビ 見たよー♡
頑張ってね ♡
ほなに♡
aiko

2007・8・4

いただいた時、すっごくうれしくて、永遠の家宝です。

114

オールナイトニッポン

　この本の準備のために過去の日記を読み返してみたんですけど、「ラジオのパーソナリティやりたい！」と書いてあるページがあって。私は本当にいろんな夢を実現することができて幸せなんですが、2009年から「オールナイトニッポン」のパーソナリティを務めることになりました。いきものの男子2人は、浪人時代に「いつか3人でオールナイトニッポンやりたいな！」って話していたようで。だから話が決まったことを聞いた2人は「聖恵！それは俺たちが語ってた夢なんだ!! それをお前ひとりで……（涙）」って（笑）。番組を終えた際、スタッフさんから「いきものがかり吉岡聖恵のオールナイトニッポンQシート大全集」という、進行表をまとめたものをいただいたのですが、それを見ると2009年1月9日（金）から2010年12月22日（水）まで約2年間続きました。

　その前、2006年12月にいきものがかりで「オールナイトニッポンR」に出たことがありました。呼んでくれたディレクターの森岡さんとジングルを作ろうってことになって、ニッポン放送の地下にあるイマジンスタジオで「だったら〜ラジオ〜♪ ニッポン〜ホウソウ〜♫」っていうのをその場で作ったんです。その後、オールナイトニッポンRをひとりでやらせてもらい、好きにしゃべらせてもらったのがきっかけで、私ひとりでやることになっちゃいました。オールナイトニッポンはゆずさんや、YUKIさん、aikoさんもやられていましたけど、テンションが高くて面白い番組っていうイメージがあったんです。そもそもひとりでラジオをやったこともなくいきなりの2時間、どうしようかと打ち合わせをしていたんですが、その時に構成作家の高井さんから「敬語なんて使わないでください！

やりにくいから友達みたいにしゃべってくださいね！」って言われたんです。それが、私よりだいぶ年上のおじさんなんですよ（笑）。普通、スタッフさんにタメ語で話すことなんてしないじゃないですか。だから、ここはそういうしきたりか。ならば！と私があだ名をつけました。高井さんは名前がひとしなんで「ピトくん」。森岡さんは「少年メリケンサック」っていう作品から「中年モリオサック」に。スタッフさんみんなをあだ名で呼んで、タメ語でしゃべるってことになりました。それは深夜ならではの楽しさを出すためだったんだと思いますが、おかげで同じクラスや部活の男子としゃべるような感覚で、オンエア中なのにピトくんやディレクターさんから突っ込みが来るような、毎回が楽しい時間でした。

　2010年は全47都道府県ツアーがあったし、「ありがとう」がリリースされことともあって忙しくて。それでもオールナイトニッポンは基本、生放送。大阪でライブがあれば系列の社屋から、鳥取に行った時は温泉旅館から放送したことも。ツアーでライブが70本以上あって、オールナイトニッポンは毎週深夜3時まで。われながらよく喉がもったなぁ、って思うんですよね。すごい高いテンションでやっていましたし、フリートークがあるから1週間ずっと何を話すか考えていたり。ラジオネタのためにいろんなことをしました。例えば青森に行ったらライブの前に、ネタ探しといいながら、アスパムという施設でほたてラーメンを食べて、せんべい汁食べて、ほたてソフトクリーム食べて、まだ何か探しながらライブに入って。テンションが高いまま夜中の3時までやるので、家に帰っても朝7時くらいまで寝つけなかったのも懐かしい思い出です（笑）。

今でも年に1回くらいやらせてもらっているんですけど、スタッフさんは熱い人ばかり。とはいえずっとふざけてて、中学生レベルの下ネタも（笑）。そうえいば、始める時に「どんなコーナーをやりたいですか？」って言われたので、私はリスナーさんを叱るコーナーとか面白いんじゃないかって考えました。「懺悔のコーナー」っていうか、私はキリスト教でもないんですけど「神父さま〜私はこんなことをしてしまいました。懺悔します！」「なにぃ〜？　けしからん!!」みたいに、リスナーを叱る企画を持っていったんです。なのに、モリオサックから返ってきた企画はといえば「ホトケのきよえ」（苦笑）。２時台になると扉がガチャッて開いて、「ホォーッ！」とか言ってホトケさんがやって来て、最後は三十三間堂に帰っていくという設定で。許してほしいネタをリスナーのメールから３つくらい選ぶんですけど、それも本当にくだらなくて。引っ越しを手伝っていた際、友達の奥さんの下着が顔に当たってしまったときに匂いを嗅いでしまいました、すいません、みたいな（笑）。そんなやりとりが３通ある中で、１件だけホトケさんが許さずにキレちゃうんです。ちなみに最近の私、じゃなくてホトケさんは瀬戸内寂聴さんのまねをしてるらしいです（笑）。神様がホトケになりましたけど、やりたいと思ったことができるとうれしいですよね。ホトケさんと私の声が、ちょっと似てるって言われたりもしてますし（笑）。
　そのほか、私の高校時代の出来事から「ぶってんじゃねぇよ！」っていうコーナーができました。高校の頃はいろいろ気にしすぎて、なんでも恥ずかしがっていたんですが、私はお肉が好きなことが恥ずかしくて言えなかったんです。今ではインスタにもお肉の写

真ばかりあげてますけどね（笑）。当時の友達の中で、すごく頭が
キレキレのちひろっていう子がいました。「私、将来は女社長にな
る！」と宣言していた（実際、社長になってます）クールビューティ
ギャルみたいな子でした。で、友達とみんなでコンビニでご飯を
買おうってなった時、私が「黒毛和牛弁当」っていうのを見つけた
んです。お肉大好き！牛丼大好き！でしたが、仲がよかったみーち
ゃんと２人で「え〜！ 黒毛和牛なんて〜、黒毛和牛なんて〜、牛丼
なんてがっつり食べるのって恥ずかしいよね〜♪」って言ったら、
ちひろが一言、「ぶってんじゃねぇよ！」って。そのことを話した
ら、コーナーになりました（笑）。それで番組の最初に必ずいい女や
いい男ぶってるメールを読んで。今も私はインスタに、＃ぶってん
じゃねーよ をつけて紹介したりもしています。ワンピースはどこど
こさんのでした、とかインスタグラマーっぽい言葉をつけながら、
＃ぶってんじゃねーよって。知ってる人は "オールナイトのやつ
ね！" って思ってくれればうれしいですね（笑）。

　オールナイトニッポンにはいろいろな方がゲストに来てくれまし
た。秦基博さん、ゆずさん、仲里依紗さん、オードリーさん、オリ
ラジさん、ハリセンボンさん……。若気の至りで失礼もあったとは
思うんですけど毎週金曜、途中から水曜に変わったけど、１時から３
時はかなりわちゃわちゃしながらやってました。忙しい中にもうれ
しい思い出はあるもので、鳥取の皆生温泉からオンエアした時、朝
起きて窓の外の浜辺を見たら、ファンの方が砂でメッセージを残し
てくれていて。スタッフさんが「見て〜！」って大興奮。「ゲゲゲの
女房」の舞台が鳥取だったこともあって、静岡のおじいちゃんとお

ばあちゃんが水木しげるロードに行きたい！っていうので米子に連れて行った時も、その旅館に泊まって女将さんとお話をしました。

とにかく、いろんなことがあったけど、オールナイトニッポンのスタッフさんはすごく仕事を愛しているし、私がテンパってる時は「はい！ 落ち着いて」とか「ゆっくりしゃべって」とか、とにかく優しく、時に厳しくて。それでいて面白い時はめちゃくちゃ笑うし、いつまででも自由にしゃべっていられる場所でした。私はレギュラーが終わる時に番組のスタッフさん全員にキーホルダーをプレゼントしたんです。アルファベットを自分で選んで入れられるオリジナルチャームで、それぞれのあだ名を入れて全員にあげたら、10年ぶりに会っても「ほらっ！」ってポケットから出して見せてくれる人が何人も。ピトくんは「もうボロボロなんで2個目くださ～い！」って言ってきたり。仕事の相手ですけど、仲間と言えるような愛着を持った付き合いができる方たちばかりで、これからも出させていただきたいっ！と思えるのがオールナイトニッポンです。

一番初めの打ち合わせ風景。がっつり企画を考えていきました。

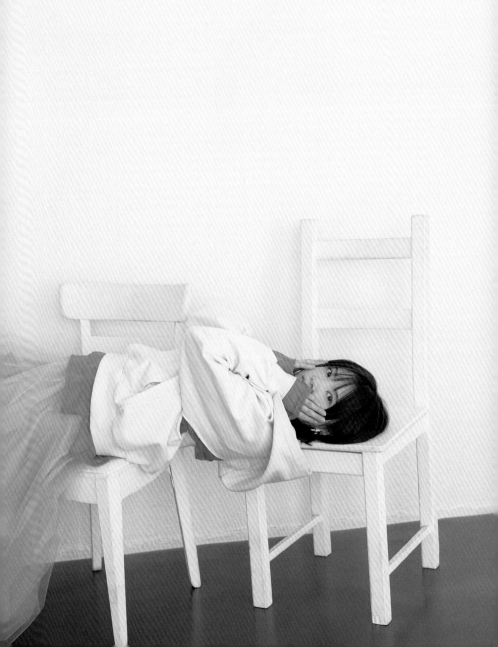

chapter
10

いきものがかりを
知ってもらえた4曲

YELL

　いきものがかりを多くの方に知ってもらうきっかけになった曲があります。それが「YELL」「じょいふる」「ありがとう」そして「風が吹いている」。この4曲については少し話しておきますね。「YELL」と「じょいふる」は2009年。「オールナイトニッポン」も始まっていた忙しさのピークにリリースされたシングルでした。

　まずは「YELL」について。「YELL」はNHK全国学校音楽コンクール、中学校の部の課題曲でした。話を聞いた時は、まさか自分が中学生の頃に出ていたコンクールの課題曲をやらせていただけるなんて！という驚きとうれしさがありました。曲を作る前にNHKさんがくれた「ジャンプ！」というテーマをもとに、最初はリーダーが元気な曲を書いてきました。前年の課題曲がアンジェラ・アキさんのバラードだったので、逆に明るい曲がいいよねと書いてきたんですけど、リーダーはちょっとひねくれた中学生だったらしく、その世代の明るいだけじゃない部分を書きたかったんでしょう。後から「YELL」を書いてきて、NHKさんにOKをもらいました。

　その時はもちろん、今でもすごくいい！と思える曲ですが、「YELL」は東日本大震災の後、大変な状況の中でも多くの学校の生徒さんたちが歌ってくれたんです。この曲を発表した後、年下の世代や学生さんに会うと、結構な確率で「私たち『YELL』を歌ってました！」「合唱コンクールで歌いました！」って言ってくれて。私たちが歌うだけじゃなくて、「YELL」はみんなが歌い継いでくれてるんだな、青春の曲になってるんだな、思い出の曲になってくれているんだな、という感覚がすごくあります。新型コロナウイルスの影響で、卒業式ができなかった人たちに向けて何を歌う？ってなっ

た時にも、私はすぐに「YELL」を歌いたい！と言うことができて。えらそうな言い方ですけど、すごく完成度が高い曲だと思います。だって、学生から年配の方まで好きでいてくれるんですよ！ 自分の親世代にも「カラオケで歌ってるよ！」って言ってくださる方もいるし。もちろん、ライブで自分が歌っても皆さんに響いているのが感じられて。若い人はリアルに聴こえるし、年上の人には昔を思い出すような何かがある、本当に説得力のある歌詞なんですよね。

　いきものがかりの曲で好きな曲を選べと言われたらありすぎて難しいんですけど、やっぱりこの曲はいいなって。「さよならは悲しい言葉じゃない」って言ってるんですけどね、学生時代のさよならは卒業だったりするんだけど、年齢を経ていくうちにいろんなさよならに変わっていくというか、人との出会いや別れもそうだし、もっと言えば生き死にの話にも。とにかく「YELL」は学生さんから年配の皆さんまで幅広く知ってくれて、親しんでくださっている曲。そして歌っている自分の心にも染みてくる曲です。

地元の中学校にて。学生の皆さんと。

じょいふる

　「じょいふる」はバラードの「YELL」とは対照的な、どポップな曲です。「ポッキー」のCM曲だったので、踊れる曲を作ろう！って。まさしくリーダーが、踊りながら仮歌を歌ってできたデモテープと歌詞が来て、＜ぴぷぺぽ ぱぴぷぺ 痛いっ！とぅたいっ！と たいっ！たいっ！たいっ！＞……こりゃなんだ？？？って（笑）。今ではライブの定番になって会場が一番盛り上がる曲ですし、多くの方から「カラオケで歌ってます！」なんて言っていただけて、いきものがかりのイメージを変えてくれたのが、この曲かもしれない。言葉の意味もあるけど単純にリズムで楽しめる。でも実はちょっとDメロとかで＜いつか終わっちゃう＞っていう言葉があったりとかして少し考えさせられるところもあって、すごい絶妙な曲なんです。

　この「YELL」と「じょいふる」を１枚のシングルとして出しているのが、いきものがかりの面白さ、そして幅の広さにつながったのかなって思いますね。ちなみに２曲とも、地元の東名中学校に行って学生さんと一緒にMV撮影をしました。それも思い出です。

「YELL」と「じょいふる」のMVは2DAYSで撮影。

めちゃくちゃ楽しかった！

東京と厚木を行ったり来たりして、ちょっと寝不足でした（笑）。

ありがとう

　2010年のシングル「ありがとう」は5月5日の発売で、価格は555円でした。いきものがかりはシングルの発売イベントとダジャレを絡めていた時期があって、「茜色の約束」というシングルを出した時はアカネちゃんという名前の方だけを集めて「あかねいるの約束」っていうイベントを開いたり、「花は桜 君は美し」って曲を出した時は、秋田県の花輪さくら保育園というところまで電車で行って歌ったりしました。そして「ありがとう」の時はというと、ゲゲゲにひっかけました。そうです、2010年度上半期のNHK連続テレビ小説「ゲゲゲの女房」の主題歌だったから、ですね。音楽業界用語で5のことをゲーっていうんですが、その理由はドレミファソラシドはハ長調ならドイツ語だと「ＣＤＥＦＧＡＨＣ」（ツェー・デー・エー・エフ・ゲー・アー・ハー・ツェー）。それを数字の順12345678に置き換えると5がゲーだから。ということで、5月5日の555円でゲーゲーゲーゲーゲー、でした（笑）。
　「ありがとう」をレコーディングした時、私はすっと入ってくる曲だなぁって感じたんですけど、男子2人はこの曲大丈夫か？って思ったらしくて。というのは、ものすごいフックがある言葉を使っているとかではなくて、素直でやさしい言葉ばかり並べてあったから。ちょうど全国ツアーが始まっていたんですけど、ライブで最初に「ありがとう」をやった時の感じを今でも覚えているんです。お客さんがみんなぽかーんとしたような、ふわーっとした雰囲気で。新曲だし仕方ないかって思ったんですが、ドラマが進行するにつれて曲が浸透して、ツアー先でお客さんの表情が変わってきたんです。「ありがとう」をやるとみんながめちゃくちゃいい顔になった

んですよ。ほっとした優しい顔になって会場内の空気がふわっと
して。柔らかい空気だったと思います。ツアーが進むにつれ、ス
タッフさんがライブ会場で「ゲゲゲの曲、今日やるかな？」「ゲゲ
ゲやんないの？」みたいな声をたくさん聞いたと。全県ツアーを進
め、浸透していくのを目の当たりにした曲でもあり、いきものがか
りを皆さんに知ってもらえた曲。そして、私たちにとって決して印
象が強い曲じゃなかったから、不思議な曲でもあって。歌う時も力
まずに「ゲゲゲの女房」の主題歌として伝わって喜んでいただける
っていう。受け止めてくれる方たちによっていいものになっていっ
た曲ですね。いきものがかりにとっても大きな存在になったし、い
きものがかりと聞いて誰もが思い浮かべる曲になってくれました。
作った時はメンバーの中で「これだー！」っていう感触はなかった
んですけど、聴いてくれる方たちが優しい気持ちで好きになってく
れて、大きな曲になって。それまでのファンの方よりも上の世代の
方々が聴いてくれて、世代を超えて育ててもらっている曲ですね。

MVの世界観が、結構レトロな雰囲気でした。

風が吹いている

　そして、最後に紹介する４曲目が、「風が吹いている」。これは
2012年の、NHKロンドンオリンピック・パラリンピック放送テー
マ曲に採用していただきました。2008年に「心の花を咲かせよう」
という全国高校サッカー選手権大会の応援歌を国立競技場で歌わせ
ていただいたり、スポーツの曲をやらせていただくことが多かった
ですね。「風が吹いている」は７分40秒もあるんです。オリンピッ
ク期間中に行かせてもらったロンドンで録ったバージョンはもっと
長くて９分17秒もありました。この曲に至ってはリーダーがすご
く熱くて、魂がこもっていて。朝方まで練ってたんだろうな〜って
感じたのは、デモテープの声がかすれていたから（笑）。

　曲の頭のＢメロで＜時代はいま＞から始まっているんですけど、
これはスタッフさんたちと話している中で、ディレクターさんやメ
ンバーが「この曲はNHKのオリンピックとのタイアップじゃなく
て、日本との、時代とのタイアップなんだ」って言っていたから。
今まで歌詞の中で、こんな大きな言葉で始まる曲はなかったから、
曲を書いたリーダーの覚悟みたいなものが強く感じられたんです。
震災の後だったから＜時代はいま変わっていく＞っていうその言葉
ひとつに対してもひとりひとり感じ方が違うし、オリンピックだ！
って喜ぶ人もいれば、復興でオリンピックどころではない人も。そ
れぞれがいろいろな方向を向く中で＜時代はいま変わっていく＞と
いうあのＢメロが出てきて、リーダーの歌声から伝わった信念みた
いなものも含めて生半可な気持ちじゃ歌えないと感じていました。
私が思ったのは選手の皆さんの姿や気持ち。アスリートの方々の姿
とこの曲が重なっていくわけじゃないですか。４年間練習をしてき

て、この一瞬にすべてをぶつける皆さんのやる気をそぐような、失礼なものになっちゃいけないって気持ちで歌いました。何度も言いますけどリーダーのデモテープは本当に魂がこもっていたんで、頭のBメロの歌い方はリーダーのデモに似てると思います。

　ロンドン・オリンピックでは水泳や新体操を見たり、錦織圭さんのテニスをウィンブルドンで見たり。当時のマネージャーさんが高校生の頃にダブルスを組んでいたのがシャラポワさんのコーチだった中村豊さんという方だったのでお話しさせていただいたり。世界のアスリートが集まるその空気を味わえたことや、その戦いを目の当たりにしたこと、もちろん現地でレコーディングができたことも含め、いろんな経験をさせてもらえた曲でもありました。

いきものがかり史上最長の曲。MVの撮影は競技場で。

chapter

11

ここまで来れた！
そして地元の10周年!!

ホールでやる意味と震災と

　路上ライブから始めたグループが、デビュー前に地元のライブハウスで、その後、横浜のホールでもできるようになって、2010年にはアリーナツアーに全国行脚まで！　とはいえ3人ともライブハウスの感覚は好きでした。でも「ありがとう」をリリースしてからは上の世代の方々が見に来てくださるようになって、より落ち着いて見られる環境が必要になってきました。男子2人がよく言うのは「お客さんには自由に楽しんでほしい。座って静かに見たい人や聴きたい人にはそうして楽しんでほしい」って。そう考えると、いきものがかりのライブは椅子があるホールが向いているんです。お子さんも、おじいちゃんおばあちゃんも来ることができますからね！そんな思いで47都道府県ツアーやアリーナツアーをやらせていただいていたら、2011年3月に東日本大震災が起きました。

　2011年は、スタジアムでライブをやることになっていて、そんな中、震災が起こって。六本木のスタジオで曲出し会があった時も揺れました。その時、リーダーが「笑ってたいんだ」っていう曲を作ってきて、その後リリースすることになりました。「NEW WORLD MUSIC」という「めざましテレビ」のテーマソングと両A面でした。「笑ってたいんだ」はリーダーが震災を意識して書いた曲ではあると思います。当時、言葉は交わさなかったけど、ひとりひとりの目の前にあることだし、いろんな立場の人たちがいる。だから「笑おうよ」って押しつけるんじゃなくて「僕は、笑ってたい」って意思を出した曲。「笑おうよ！」って言われても笑うことができない人たちがいるから「まずは僕が笑ってみる」って。リーダーの優しさがあふれた曲だと思います。

暑さ対策!?

　主人公は笑ってたいと決意する、アッパーで元気のいい曲。リーダーが震災を意識して作った「笑ってたいんだ」をひっさげて、2011年の7月23日、24日に横浜スタジアムでライブをやることになりました。それが「いきものまつり2011 どなたサマーも楽しみまSHOW!!! 〜横浜スタジアム〜」。2009年にゆずさんの音夜祭に呼んでいただいて、横浜スタジアムのステージに一緒に立たせていただいたことはありましたが、単独ではやるのは初めてでした。

　当時、それほど体力作りやジム通いもせずにホールツアーもアリーナツアーもやれちゃっていましたが、スタジアムは屋外だしこれまでどおりにはいかないだろうと、横浜スタジアムのライブを何度も経験されている、TUBEさんに相談してみたんです。すると「体感気温は40度超えだから、本当に気をつけないとダメだよ!」っておっしゃって。ひぇー! こりゃ大変だ!ってことで、私たちがやったのは、窓を閉め切った部屋で、エアコンを止めてのリハーサル。これ、本当にきつかったんですけど「こんなんできついなんて言ってる場合じゃないよ! 体感温度は40度、50度以上だよ!」みたいに我慢しながらやっていたら、3人ともバテバテになって、休憩中に食べるおにぎりが喉を通らないほど疲れました(笑)。

　準備で楽しかったのは衣装ですね。こういうのを作りたい!と、イメージを描いたり写真の切り抜きを持っていったり。自分が着たいワンピースとか、サロペットとか、ボーダーとストライプの組み合わさったものとか。衣装は気に入ったものを用意できて、さぁ、あとは暑さとの戦いだ! 暑さになんて負けないぞー!と迎えたライブは両日とも……めちゃくちゃ涼しかったんです(笑)。

涼しかったけど会場は熱かった！
思いが叶った横浜スタジアム

　ファンの皆さんはよく知っていらっしゃるでしょうが、いきもの
がかりでは何気ないダジャレがいろんなタイトルに採用されてきま
した。初めてのツアーで名前を考えていた時、私が「みなさん、こ
んにつあー!!　なんちゃって！」とか言ってみたら「お前、それだ
ろう!!」ってメンバーが食いついてきて、それに決まったんです。

　横浜スタジアムの「どなたサマーも楽しみま SHOW!!!」もダジャ
レですけど、演奏してくださる皆さんにも、例えば竹上さんを中
心としたホーンセクションの方々は"竹上楽しみまホーンズ"、真
部さんたちストリングスの方々は"真部サマー（様）ストリングス"
とか、勝手に名前をつけさせてもらいました。グッズの名前もダジ
ャレが多いんですけど、わかりやすいのはタンブラーを作った時の
"タンブラーマサカズ"（笑）。山下君のスリッパを作った時には"山
下ホタッパ"に。この間私の作った３つのポーチは"KIYOE3（さん）
ポーチ"でした。でも横浜スタジアムのグッズは、いいネーミング
だったにもかかわらず悲しいことが起きました。スタジアムはとに
かく暑くなるからお客さんが涼めるようにと、手のひらぐらいのカ
イロのような厚みで、野球のボールをデザインした氷のう（冷却パ
ック）を作ったんです。その名前が「楽しみま氷（ひょう）」。私は
めちゃくちゃその名前を気に入っていたんですけど、ライブ当日が
驚くほど涼しかったからほとんど売れずに大量に余って。半年たっ
てもまだ倉庫にあるんだけど、あれどうするんだ？みたいな。スタ
ッフさんがどっかで使ったの？？　どこ行った？　あれ。

　さて、横浜スタジアムでのライブではいきものがかりが路上ライ
ブ出身なんで、３人だけでステージにいるゾーンを陽が沈んでいく

時間帯に合わせて「帰りたくなったよ」を歌ってみたりと、私たちらしいことはもちろんですが、それとは別に新しいこともやらせていただきました。2011年当時、東京駅などでも始まる前だったんですけど、ライブでいち早くプロジェクションマッピングを導入！

　白いセットに映像を浮き上がらせました。スタッフの方々が最新のものを持ってきてくださるんですが、リハーサルの時、メンバーとサポートメンバーと客席に座ってマッピングの確認をした時に、夢のような世界になっていて、すごいな〜って。

　私はライブをやる時、一番端の一番後ろの人まで楽しんでほしいという思いがあって、隅の席に座りに行ったりするんです。できるだけ一番隅の、一番奥の席に。でも、スタジアムはすっごく広いしスタンドまでかなり距離があるので、奥の席まで行きたくても行けないんですよね。でもせっかくだし、届くといいな！って思いでライブ中に一番遠くの、一番奥の席の方に手を振ってみたんですよ。そしたらそのあたりの2、3人が手を振り返してくれたんです。その周りは手を振ってなかったから、ちゃんとその方たちに届いたってことなんです！　それがめちゃくちゃうれしくて。一番後ろの一番隅まで届くんだ！っていうのを感じることができて。いくら広くてもスタジアムでも届くんだ！っていうのは驚きと、かつ、とてもうれしいことでした。デビューした歌手の方が「いつか武道館でやりたいです！」と言っているのをよく聞くんですが、私たちは神奈川出身だし、一番やりたいのは横浜アリーナや横浜スタジアムです！ということも言い続けていました。神奈川県の一番大きいところでライブができて、ここまで来れた！という気持ちになれました。

走り回って、高くジャンプ！

盛り上がってますかー!?　いぇーい!! って時の1枚。

紅白で紅組のトリ

　2012年の「NHK紅白歌合戦」で紅組のトリを務めさせていただきました。聞いた時は、「は、はいっ？」みたいな、驚きというより、ぽかんとした感じで。あこがれの先輩方と一緒の舞台というだけじゃなく、紅白のトリだなんて緊張しないわけがない！と思ったので、これはもう、淡々とやろうと決めました（笑）。なんていうか、すごすぎるから歌うことだけを考えることにしたんですね。

　と決めたものの、さすがに前々日から緊張で食べ物が喉を通らない。「極度の緊張って、本当に何も食べられなくなるんだなぁ」としみじみしながら迎えた大晦日。その演出は紅組の皆さんと、審査員のスポーツ選手の皆さんが出てきてくださって、最後は一緒に歌ってくださるというものでした。とにかく自分は踏ん張って歌うしかないんですが、歌ってる時「あっ、手が震えてる」と思ったのを覚えていて、内心「これはやばい！」と。でも、同時にものすごく興奮もしていたんです。後ろから皆さんが入ってきてくださったのは本当に夢のようで、すごいことが起きているんだからと、それを励みに歌ってました。後で録画を見たら震えてないじゃん！って安心できましたけど。そしてあらためて、しみじみ感じたわけです。歌謡界のスターさんたちが自分たちの後ろに笑顔で入ってきて、歌ってくださっている。いきものがかりの後ろに、ドラえもんとアンパンマンとウルトラマン、それからなんとかレンジャーとか、大人気の主役がいっぱいいるんです。普通ドラえもんならのび太としずかちゃんとジャイアンとスネ夫じゃないですか？ でもそうじゃなくて、ドラえもんとウルトラマンとセーラームーンが並ぶことあるんだ！みたいな不思議な感覚。今でも話しているだけで鳥肌が立っ

てくるような貴重な経験をさせていただきました。

　元旦に家へ帰ったら、リーダーから「聖恵、ここまで連れてきて
くれてありがとう」というメールが届きました。トリを務めたこと
がうれしかったんでしょうけど、私もリーダーからのメールに感動
しちゃって。「こちらこそありがとう！」って返したんだと思います。
さすがに「だよねー👺」なんて返していませんよ（笑）。

楽屋前にて。長丁場だったなー。お疲れさまでした！

ゼロからイチを作る2人

　なーんにもないところから、人の心に届くものを生み出す作業って本当に大変だなって思うんですけど、リーダーとほっちの2人はいつもそうした、ゼロからイチを作り出す作業をしてくれています。それを一番感じるのが、2人が用意してくれた曲に私が対面する時。そこにはもう、景色が見えるようになっているんです。しっかりと物語が書いてあるからこそ、伝えたい目的がしっかりしているからこそ、私がすぐに同じ情景や景色を想像できるんですよね。でも2人はその景色をゼロから作っています。例えば植物だったらどんな種を植えようか、っていうところからやってくれていて。種が植えてあるから、私はこういう花を咲かせたいな、こういう花が咲くんだろうなって思いながら、みんなで水をやって。でも最初の種を持ってくるというか、想像するというか、皆さんに伝える音楽のもとを作り続けている2人は本当にすごいな〜と思いますし、そこに関してはものすごく尊敬してます。ただ、私たちってオリンピックでも紅白でも、大きなお仕事が決まったからといって、メンバー同士で熱い会話ってあんまりしたことがありませんでした。

　放牧してからはいろいろ話し出したんです。やっぱりひとりひとりの持ち場があって、作る人、作る人、歌う人の3人っていう。それぞれの範囲をしっかり守り、それが合わさってみんなのもとに届く。さらにはアレンジする人、演奏する人、ディレクションする人、餅は餅屋。そういう感じでやっていますね。ひとりひとり責任を持っていることがわかっているから、メンバーに対して生半可な声はかけないでやってきたけど、紅白の後にリーダーから届いたメールには、はっとするものがあったし、やっぱり感動しました。

感謝と決意
10周年の地元ライブ

　2016年、いきものがかりの10周年にライブをどこでやろうかってなった時に、やっぱり地元でやろう！という話になりました。横浜スタジアムはやらせていただいたし、もっと地元感を！ということで厚木市荻野運動公園と海老名運動公園でライブができたらいいねと。荻野運動公園はTUBEさんがライブをされましたが、海老名運動公園は誰もライブをしたことがなくて。私は小学生の時に荻野運動公園で陸上記録会に参加したし、海老名運動公園はリーダーが野球で使っていて、思い出のある場所でできたのはよかったです。

　この時すでに放牧、休止しようというのは3人の頭にありました。ここまでいろんな人たちと一緒に駆け抜けてきて、かなり全方位でやらせていただいて。感謝の気持ちと同時に息切れした部分があったんですよ。でも「10周年は駆け抜けたいね！」って、その姿をみんなに見てほしかったから。だからこの後休むけど、その前に地元でみんなとライブ！ということになったんです。

　セットが組まれた時は、荻野運動公園の森の中に「イッキーモンキー」っていう私たちの公式キャラクターが、まるで宇宙船が着陸したみたいに現れていて、すごい光景だなと思って見ていました。路上ライブから出たグループが全国を回らせていただいて、10年たって、3人きりで駅前で演奏していた街に、今度は全国からみんながチケットを買って来てくれて。お祭りだから地元の名産品の屋台やグッズ売り場があって、その中で皆さんが楽しそうにしていて。本番の直前、楽屋になっていた体育館から車でお客さんたちの中を横切りながら移動したんですけど、会場に向かうファンの方たちの様子が、その景色が見られたこともうれしかったですね。はっぴを

着ていたり自分でグッズを作ってきてくれていたり。「ここはいき
ものニュータウンじゃん！」みたいな。いろんなところから、みん
なが私たちの街に集まってくれたんだ！と思えたんです。自分たち
の中では 10 周年という区切りのラストライブだったので、たくさ
んの感謝と思いを込めて大事な場所でできたということもあります
し、いろんな決意もあった地元ライブでしたね。

　自分たちの話ばかりしてきましたけど、ライブっていろんな方が
関わってくれてできていて。その最後にお客さんが来てくださるん
です。いきものがかりの 3 人がゼロからイチにしたいものがあっ
て、そこから楽曲ができて、音響さんや照明さんや映像さんや電源
さんや、いろんな方たちがいてくれてチームになって、リハーサル
して。スタッフと演者の数が 100 人とか 200 人とかになったりす
るんですよ。自分は歌のことだったり、パフォーマンスのことだっ
たりだけに集中させてもらえる環境は、当たり前のようでいて、そ
れを用意してもらえるのはすごいこと。心配しなくていい状況を作
ってもらえることのすごさって、スタッフさんのすごさですよね。
お客さん大丈夫かな、照明大丈夫かな、音響大丈夫かなとか気になっ
ったら私たちは集中できないので、心配がないことってすごいんだ
なって。事故も起こさずにやってこれたし、とりあえず私は体調整
えて、喉整えて、来てくれればそれでいいからね！っていう状況
は、スタッフの皆さんが完璧にやってくれるから。そういう思いは
ライブのたびに感じてきましたし、スタッフさんたちにも感謝し続
けてきて。その感謝とともに、地元の 10 周年のライブを終えてか
らは、自分たちのこれからを考えることにしていたんです。

厚木のみんなー！　元気ー!?

私たちの地元にみんながこんなに集まってくれるなんて!!

雨にも見舞われましたけど、最っ高のお祭りでした！　ありがとう！

chapter

12

放牧宣言と
ソロ活動

誰からともなく、1回休もうか

　2016年にデビュー10周年を迎えるまで、レコーディング、ライブ、プロモーションなどを目まぐるしく全力でやらせていただいてきて、ベストアルバムを出して。誰かが何かを言ったわけじゃないんです。誰からともなくそういう感じになったというか。自然な感じで10周年が終わったら1回休もうか。1回止まろうかって。

　2人はずーっとゼロからイチを作り続けてきたからインプットもしたかっただろうし、私はといえば……、単純に疲れていました。なんていうか、「いきものがかりの吉岡聖恵」でしかなくなっちゃっていたんですね。自分自身が心の底から感じるものより、「いきものがかりの吉岡聖恵だったら？」っていつも考えてしまっていて。ひとりの人間として、ひとりの女性として何が好きだとか、何を選ぶ？っていう心の声に気がつかないふりをして、すべてが「いきものがかりの吉岡聖恵だったら？」だけになっちゃっていたんです。それはずっと仕事をいただいていた贅沢な悩みだったのかもしれません。でもリーダーは人に曲を書きたい気持ちもあっただろうし、ほっちはアウトドアな人間なんで、のんびりしたかっただろうし。やってみたいこととそれぞれが向き合うための時間が必要だったのかもしれません。それでもみんなで10周年をやりきりたかった。スタッフさんのサポートがあって、ファンの方がいて、みんながいて、いきものがかりがあるから。3人だけでは決められないし、とにかく「10周年をやりきる！」ことが自分たちの中の、みんなへの誠意でもあったんですよ。ライブをやって、紅白に出演させていただいて、2016年をやりきって。そして2017年の1月5日に、放牧という形でその気持ちを皆さんに伝えました。

いざ放牧、のその前に

「活動休止っていうとみんなに心配かけるから、なんて言えばいいのかな？」 地元ライブが終わりリーダーとそういう話になった時、なんかいきものっぽい言葉ないの？って話していて。そこで私が「例えば放牧？」って言ったら「それだーー!!」と盛り上がって「じゃあ牛の着ぐるみ着てさ、牧場みたいなところで写真を撮るのはどう？」ってどんどんアイデアが膨らんで。着ぐるみは借りたんですけど実は2体しかなくて、着回して合成しました（笑）。

撮影しようとしていた時、ゆずさんに「イロトリドリ」っていう曲をコラボしようと誘われて、ＭＶを撮っていたんです。終わってから北川さんに「みんなでご飯に行かない？」って誘っていただいたんですけど「あ、この後フィッティングがありまして。牛になるんですけどね」って。「何それ？ 俺らにわかるやつ？」って言われて「はい！ たぶん……わかると思います！」と答えて。後でお会いした時に、あれだったんだね！ってなったんですけど。放牧直前の年末はゆずさんとＭＶを撮らせていただいたり、横浜アリーナでバカリズムさんのライブに出演させていただいて、みんなで革ジャン＆サングラスで歌ったり。これからお休みするのに、この楽しい流れはなんだ!?（笑）みたいな感じで、その年を終えたんです。

放牧の期限は決めないことにしていました。決めちゃうと本当の意味での放牧にならないから、期限を決めないで休もう！って。ほっちは友人家族と一緒に保有している山小屋に東屋を作ったり、ピザ窯を作ったりしていたようなんですが、リーダーはずっと活動していて、いろんなアーティストに曲を提供して。そして私は、心の底から歌いたーーーい!!ってなるまで、歌わないことにしました。

モ〜ッ！　これからどうしましょうっ？？？？

"ただの吉岡聖恵"になりたい

　放牧の期間中、休んではいたんですけど、実は何をしていたのか
あんまり覚えていないんですよね。のんびりしてたことは覚えてい
ますけど。歌というものが自分の中で当たり前のものとして存在し
ていて、自分が歌うことがたくさんの方の仕事につながって、誰か
の生活につながって、ファンの方が受け止めてくれて、期待してく
れている。それを必要以上に感じて、責任を背負いすぎちゃった。
それはメンバーそれぞれに対しても。私は「2人がしっかり曲を作
ってくれるんだからしっかり伝えるんだ」という思いだったり。ス
タッフさんが持ってきてくれた仕事だから最大限でがんばろうって。
それでだんだん目的がわからなくなった部分もあったんでしょう。
一番は楽しんで歌う。それが仕事になる。自分の突き詰めたいもの
で食べていく。それが大切ではあったんですけど、気がつくと責任
を果たすみたいなことが大きくなりすぎていたんです、今思えば。
いきものがかりの吉岡聖恵でしかなくなっていたから。ファンの方
がイメージする「ありがとう」の曲のように清廉潔白じゃないです
けど、「ありがとうの人」になろうとしてたというか。歌いたいか
ら歌う、好きだから歌う、っていう以前に、求められるものに「い
きものがかりの吉岡聖恵」にならなくちゃいけないという責任感
で、自分の内側から出るものよりも、外から来るものに対して優先
して答えていたっていうのかな。だから休んでいる時、じゃあ自分
が本当に好きなのはいったい何？なんて疑問が生まれた部分はあり
ました。ただの吉岡聖恵ならどうしたかったんだろうって。ぼんや
りした疑問でした。でも追い詰められてるとかではないんですよ、
無期限だったから。自分を自由にしてあげられた時間でした。

歌わない半年間で気づいたこと

　本当に歌いたいって思った時に歌おうと思っていたら、気づいた
ら半年たっていて。歌に関しては何もしていませんでした。スタッ
フさんにグラミー賞授賞式を見に行かせていただいたりはあったん
ですが、自分では何も。でも、体がなまってきちゃったと感じて、
半年たったくらいで歌のレッスンと体のトレーニングを再開したん
です。その時に思ったのは、歌が体に及ぼす影響がすごく大きいん
だってこと。私はもともと丸顔なんですけど（笑）、半年ぶりに歌
い始めたら、顔がすっきりして見えるようになってきて。歌うこと
でも、相当顔の筋肉を使っていたことがよくわかりました。
　放牧中は心身共に自由でしたけど、体を動かさない、歌わないの
を続けすぎると、逆にストレスがたまってきちゃって。私は物心が
つく前から歌っているので、歌うのが自然で、当たり前なことだっ
たから。放牧中、友達と話している時にも「聖恵ちゃんは話の途中
でも急に歌い出すよねぇ」ってよく言われるし、お酒を飲んでも歌
っていたりするみたいで、意識しないで勝手に歌ってるんです。
覚えようとも思ってない CM ソングがつい出てきちゃったりもする
し、おなかの中にいる時からレコードを聴かされていたから、心も
体も反応しちゃうんですよね。歌はすべていったん置いておこうと
思って、無意識的な歌を別にすればカラオケにも行かなかったけ
ど、半年たって「やっぱり歌ってみよう、じゃないと体に悪いぞ」
って。レッスンとトレーニングの再開で、歌が体にいいんだなって
ことも実感しましたし。こんなに長い間、意識的に歌わないのは人
生で初めてでしたが、私が思っていた以上に、私が生きるために歌
うことが必要なんだって気がつくことができました。

カラオケリハビリ

　レッスンを再開したとはいえ、食べたいものを食べて、飲みたい時に飲んで。だらーっとしすぎて「さすがにまずい！」と思い始めた時に、ディレクターのＯさんから話があると言われて飲みに行ったんです。そこで突然「なんかやろうよ！」と言われて。私はもともと aiko さんや YUKI さんのようなソロの女性アーティストに憧れていたので、いきものがかりとしてだけでなく、吉岡聖恵として歌ってみたい！という思いは、ひそかにずーっと持っていたんですね。

　まずリハビリとしてディレクターのＯさんと当時の事務所の社長とカラオケに行き始めたんですが、それがもう楽しくて楽しくて！おじさん２人と 30 歳過ぎの女が、昼間にアルコールも飲まずにカラオケで大盛り上がりしてました（笑）。大好きなアーティストさんたちの曲をひたすら歌いまくって、お店の人に CD-R くださいって頼んで何度も録音したり。好きな歌を自分で選んでひたすら歌うという、とてもとても自由なリハビリでしたが（笑）、お二方は私に早く歌ってほしいと思っていたみたいで、とにかく動き出そう！って、ソロをやろう〜！って言ってくれました。

　ソロ活動の自信はなかったけど、決まったら歌い出しちゃうんですよ、私（笑）。競争馬が、ゲートがパッて開いたら自然と走っちゃうみたいに、私も走り出すと走れちゃうんですよね。大学の時、２人にまたやろうって誘われた時のように、歌い出したらそれなりに声帯も、心も動き出すんです。今思うとカラオケで、気軽な気持ちで歌わせてもらえたことがよかったんだと思います。そして、ほかのアーティストさんの歌をカバーし続けるカラオケリハビリがそのまま役に立つ話が、この後に続くことになるんです。

カバーしてわかったこと

　ディレクターさんに話があるって言われたのが、大瀧詠一さんの「夢で逢えたら」をカバーするお話でした。オリジナルからこれまでカバーされてきたすべての「夢で逢えたら」が収録される作品、『EIICHI OHTAKI　Song Book Ⅲ　大瀧詠一作品集 Vol.3「夢で逢えたら」（1976〜2018）』に、新録で参加しないかって話が来ていると言われ「やりたいです！」って即答しました。カラオケでいろいろ歌っていた流れもあって、カバーのお仕事は私がまた歌い出すにはとてもありがたいオファーでした。すると、その後に中島みゆきさんの「糸」をカバーしないかってお話もいただくことに。それはトヨタホームの TV-CM ソングのお話でした。私にとって「糸」は大、大、大名曲！ってイメージで自分から選びに行けない曲だけど、お話をいただいたのは自分の歌を信じてくれる人がいるからだと感じて、ならば歌えるはずだ！と前向きに考えました。
　「夢で逢えたら」は初期に録音されたオケを使わせていただけることになりました。当時のコーラスと自分の声を混ぜてもらって。でも、「糸」ではオケを録ったんです。久しぶりに大きいスタジオに行ったらすごく楽しくて、なんか感動しちゃったんです。楽器ってかっこいいなとか、ミュージシャンってかっこいいなとか。気持ち的には軽音部に初めて入った時の感覚。ディレクターの O さんに「ソロとしては新人だぞ！」って言われたものなんだか新鮮で、楽しくて。いきものがかりは３人で決めるんだけど、なんでもひとりで自由に決めさせてもらいながら、私なりの「糸」を楽しく歌わせていただきました。大瀧さんの「夢で逢えたら」が入ったアルバムは全86曲。そこに新録で参加できたのもうれしかったですね。

その後でラグビーワールドカップ 2019™ オフィシャルソング「World In Union」も歌わせていただきました。これは開催国の歌手が歌い継いでいるもので、クラシックの組曲「惑星」の中の「木星」をモチーフにしたもの。平原綾香さんの「Jupiter」もそうなんですけど、「World In Union」も「木星」をモチーフにしてるんです。これが歌い継がれて、ラグビーファンの皆さんに愛されているのですが、英語圏で歌われているものを、私がアジア圏で初めて歌わせていただきました。社長に海外のアーティストの方が歌っている映像を見せられて「歌わないか？」って言われたときは、「え、英語？」って（笑）。自分ができるとか、できないとかじゃなくて、なんだか面白そうだと思って「やります！」って答えました。面白そうだと感じたのは、ずっと J-POP を日本語で歌ってきたいきものがかりのボーカルが英語で歌うこと、それも原曲はクラシックだし、聴いた人も「これは誰が歌ってるんだ？」ってなるんじゃないかって考えたから。いきものがかりを知ってる人にとっても、知らない人にとっても、私が歌うことが新鮮な出来事なんじゃないかなって。外側から見ても内側から見ても楽しいだろうと。でも思った以上に大変で、練習で 100 回以上は歌うことに。自分で英語の先生を見つけてきてレッスンに通って、独自に練習してやらせてもらいました。歌ったことでワールドカップも見に行かせていただけたんですけど、決勝戦が終わってトロフィー授与で「World In Union」が流れた時には体が震えたというか、その選手の皆さんたちの歓喜の姿と自分の歌声が重なったのを見て、これはえらいことなんだなとあらためて思いながら、素直に喜ばせてもらいました。

初のソロアルバムはカバーで

「夢で逢えたら」と「糸」と「World In Union」。もう3曲あるんだからカバーアルバムを作ろうよ！という話になったんです。路上ライブで歌っていたゆずさんをはじめ、自分が好きな曲や歌ってみたかった曲など、候補に挙がった100曲くらいをとにかく歌って、その中から選んでいきました。堺正章さんの「さらば恋人」は自分が生まれる前の曲ですけど、好きで歌ってみたくて。「聖恵が歌ったら新しいものにならないよ」という意見もあったんですが、どうしても歌いたくてチャレンジしてみました。そして、久しぶりにレコーディングで泣いた曲でした。主人公がなんのために恋人のもとを離れ、最後どうなるのかが描かれてない曲だったから、自分がその答えを決めようとしたんですね。その解釈やニュアンスで、スタッフさんたちと議論していたら熱くなって、つい涙が。今となっては泣いた理由は忘れちゃったんですが、ディレクターさんからは「答えがない曲があったっていいんだよ」と言われ、凝り固まった考えはいらないと気づけた、自分が新しい感覚になれた曲でした。

　もっと古い曲だと笠置シヅ子さんの「ヘイヘイブギー」はおばあちゃんも知ってる曲。「World In Union」の元になった組曲が1900年代前半に作られているから、最近の曲までカバーした幅が100年ぐらいあるのに、自分のなかでは年代や性別の垣根がないんですよ。男性の曲も女性が歌えば違うものになるし、女性の曲も似ちゃいけないし。こうして完成した『うたいろ』は、自分で聴いても楽しくて。そういう気持ちが宝物というか、財産になりました。

　あと『うたいろ』は裏ジャケ（座ってる写真です）にも注目してほしいんです！　というのは私が2011年から何か浮かんだ時に

書きためているアイデアノートに、この構図が描いてあるから。つまり、自分がイメージしていたデザインがジャケットになったんです。このノートを持ってきて、これやろう！　私描いてたじゃん！って。誰にも見せたことがないノートなんですけど、そこに書いた自分のアイデアがひとつ実現したし、ソロでのファーストアルバム『うたいろ』は、自分にとっての宝物になりました。いきものがかりがあって、カバーもあって、童謡もあって、いつかソロでオリジナルも出してみたいし。いろんな自分を伝えるきっかけになった大事なアルバム。このアルバムを作ることによって、自分の中で新しい扉が開けたような感覚がありますね。放牧の後にソロでラジオ番組を持たせてもらえるようになりましたが、それが「うたいろRadio」という番組で、なんとラジオにまでつながっていきました。

　放牧前は、自分の心身に負担がかかっていたし、やっぱり放牧中の時間は自分にとって、とても大事な時間になっていました。放牧前はこのままの状態でいると自分のことが嫌いになって、自分のことが嫌いな人間が魅力的なわけがないから、それはまずいなって思ったんですよ。放牧して、ソロで『うたいろ』を出して、いろんなことも経て、自分のことを好きになれてきたっていうのはあります。なんかいっこ抜けた。あと風通しをよくする方法もわかってきた気がします。我慢したくないけど、わがまま言えばいいってものでもない。したいことのために、自分に対しても人に対しても自由に言えたり、行動したり、協力してもらったり、それができ続ける大人でいたいと思うようになりました。そうしていけば、ずっとブレないんじゃないかなって。澄んだままの自分でありたいですよね。

ジャケットも気に入っています！

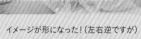

イメージが形になった！（左右逆ですが）

chapter

13

あの頃の三角形に
戻れた!

3人会議

　多くの人を待たせてしまっているけれど、3人の気持ちがそろわ
なければ先に進めない。だからしっかり向き合うことが大事なん
だ！とは思いながらも、そうした場がないまま過ごしていました。
それでも放牧中もメンバーとはよくご飯を食べに行って、放牧前よ
りも話はしていたんです。そしてある時、リーダーの家に集まって
いたら「もうざっくばらんに思っていることを話そうよ！」という
ことになりました。それは3人の間に、いつの間にか緊張感が生ま
れていたことに気がついたから。高校の頃はそんなのなかったの
に、小さな三角形にスタッフさんなどいろんな方が加わり大きな輪
になって、ぐるぐるぐるぐる開いたり縮んだりする中で考えるしか
なかったけど、今なら3人だけで腹を割って話せるんじゃないかと。
もう1回、あの頃のような三角形になって話そうよって。

　放牧前は作る人、歌う人、それぞれの持ち場をしっかりと守って
いました。作る人は責任を持って歌を作る。そして歌う私は一生懸
命その歌を歌う、と。それぞれの責任を果たすことがお互いのため
でもあるから、以前は作る人同士はもちろん、歌う人が作る人に、
そして作る人が歌う人に弱音を吐いたりすることはなかったんです
けど、それはお互いを思いやってのことでした。それぞれが、あと
の2人のことを一生懸命考えすぎていたことが、その日のみんなの
話でわかったんですよ。例えば私がライブ前に緊張してても、2人
からするとがんばっている私に「軽く考えればいいじゃん！」なん
て言えなかったとか。私も2人が最大限やってることはわかってい
るからこそ、がんばって、なんて言葉は出てこなかった。120％や
っている中で、お互いそういう状況だったからこそ、言葉がかけら

れなかったという話になったんです。

　お互いを思うがゆえに言えなかったことが、いろんな緊張感を生んでいました。それがわかった後で、私が「2人が一生懸命作った曲で私が歌詞間違えたり、納得いくパフォーマンスしなかったら嫌でしょ？」って聞いてみたんです。そしたら「そんなことより間違えたお前が落ち込んでないか、ってことのほうが気になるよ」って言われたものだから……、私はウルウルしてきちゃって！

　それまでは、一度もそういう話をしたことがなかったんです。忙しくてそんなタイミングもなかったし。「俺らは、お前になんて声かけていいかわかんなかったんだよ。だってお前は充分すぎるほど一生懸命やってるもん」って。そうだったんだ！って気づいたら、私が勝手に背負いすぎてたのかなって。そして同じように2人とも背負いすぎてたんだってことにも気づいたんです。いろんなことを重く捉えていたのはお互いが一生懸命やっていたから。みんな踏ん張ってるから軽い気持ちで声をかけることができなくなっていたことがわかりました。だから、放牧の後はなんでも話せるようになったんです。前までは、私がしたいことがあっても、2人には微妙かな、嫌かなとか思うと言い出せないところがあったんですが、3人で話していくうちに、これからは単純に風通しよく、コミュニケーションをとっていこう！ってことになったんです。その中で出てきた選択肢のひとつが、独立でした。もっと自分たち発信でやっていかない？って。事務所に拾ってもらって、今でもかわいがってもらっていることに感謝しながら、でも、ここから先は3人からの発信でやっていくのもありだよね、という話をすることができました。

集牧、そして独立！

　3人で、いろんなことをざっくばらんに話した後「もうすぐ新しい元号になるよね！」という話になったんです。そして「次の元号になった時には戻ってたいよね」って。デビューした3月に戻るのもありだけど、もうちょい早くしたほうがよさそうだから2018年の、結成日である11月3日に！ということになりました。

　再開のきっかけも、誰からともなくでした。ほっちはアウトドアを満喫し、リーダーは楽曲提供して新しい世界を広げて、私もソロアルバムを出したり、それぞれが個としても強くなりたいね、能力を立たせたいよねって話しながら再開に向けて考えました。もっと華やかな復帰の仕方もあったかとは思うんですけど、まずは、ずっと待っていてくださるファンクラブの皆さんに向けて、無料で音源を、形あるものをお届けしようってことになって「太陽」という曲を作ったんです。その時に「ありがとう」みたいなバラードで帰ってくるのも重いから、軽やかな曲で行きたいよねって話して。

　その日の夜から私は詞のもとを書いて、次に会った時にほっちに渡して広げてもらって。そこにリーダーが曲をつけてくれました。私が「太陽」ってタイトルにしたんですけど、ほっちの詞に "太陽" っていう言葉がなくて。「歌詞に "太陽" って入れたのに入ってないじゃん！」と言ったら「初めから入ってなかったぞ！」って（笑）。それで後から太陽って言葉を入れてもらいました。3人のコーラスが強調された温かみのある曲で、バンマスの本間さんにアレンジしていただいて。いつものメンバーで再出発させてもらいました。

　復帰に向けて、リーダーが「ひとりひとりが幸せになる形をあらためて探そう」って話してくれました。そして誰かのためのいきも

のがかりという形じゃなくて、個人を縛ることもなく、あくまでも能動的に、「楽しくやろう！」っていうのが合言葉になりました。もちろん最低限の気遣いはありますが、それよりも思ったこと、感じたこと、やりたいことを言うほうがお互いのためだなって。お互いを思い合ったうえで、ちゃんと思ったことを言う。まぁまぁ気を使っちゃうこともあるんですけど、以前と比べたら今は言えてますね。

　前の事務所のキューブに許しをもらって送り出していただいて、自分たちで責任も伴うけど主体性を持ってやろうと決めて。独立した今はなんでも自分の頭で考えなきゃだめなんです。もちろんいろんな人に甘えて、頼ってたりもしますけどそれだけではいられないし、その状況も楽しいっていうか。スタッフさんと話しながら、考えながら組み立てられることが面白いですね。キューブにはデビューする前からずっと、15年ほどお世話になりました。そこで学んだことがあって今がある。その道のりでなければ、こうなってはいなくて、全部がつながって今があるから、この流れでよかったって。ほかの事務所だったらまた違ったかもしれない。だからこの流れにいきものがかりを乗せてくれたキューブに感謝しています。それから最近思うのは、やっぱり自分が思ったことを、なあなあじゃなくて、後からじゃなくて、その時々に伝えることが大事だと。自分の言葉で本当に思うことを話すようになって、風通しがいいなって感じです。周りのスタッフさんたちからは、独立したら見たくないものを見ることになるかもしれないけど大丈夫？って聞かれたんですが、メンバーも信頼できますから！　終わりのない道なんですが、進んでみて気持ちがいいですね。すがすがしいですね！

3人とも、大人になったなぁ（笑）。

放牧で探した私自身

　私の放牧期間の話をすると、当然なのですが仕事以外の時間が増えました！ 地元の友達付き合いが悪くなっていたので、お正月に帰省した時には、友達の子供にプチコンサートをしてみたり（笑）。平日には友達と LINE のグループトークでだらだらとしゃべったり、それまでなかなかできなかった、普通のことを楽しんでいました。心境の変化でいえば、これまで家族には頼ってばかりだったのに、両親のことを助けたい気持ちが芽生えました。30代にもなれば普通はそう思うはずなので、私にも普通の感覚が戻ってきたんだと感じたんです。あとは、以前よりファッションを楽しむようにも。自分が好きなものを、好きだと言えるようになれたんです。

　そう話すと、どんだけ重症だったの？って感じなんですけど、メンバーと話してたどり着いたのが、やっぱり「ありがとうさん」になろうとしていたんだね、ということでした。私はサービス精神旺盛だと言われることが多いんですけど、小さい時から家族が笑ってくれるのが好きだし、誰かを喜ばせているのが楽しくて。その感覚で、ファンの人たちが期待しているであろう「ありがとうさん」でいようとして、自分を失っていたんですね。当然、私は「ありがとう」の人とは違うんですけど、とはいえ不良でも、スレてるわけでもないから、自分たちが思っているほど「ありがとうさん」と離れてなかったんじゃないか？って今は笑いながら話してます。放牧後にバンマスの本間さんから「休んでよかったよね。歌がよくなってるよ！」って言われましたし、本当に放牧の期間は大事でした。

　ほかに放牧してよかったのは、外側からいきものがかりが見えたことでした。バンドがいつ再開するかわからないのに、テレビでい

きものがかりの曲が流れるんです。まるで他人の曲のように「この曲知ってる！ この曲いいな」って思えたんですよね。しかも何曲も何曲も知ってる曲が！ この曲は車のCM、この曲は朝ドラ、この曲は飲料のCM……。知ってる曲がいっぱい！ いきものがかりってすごい！と思えたのは自画自賛ではなく、俯瞰して見ることができたってやつです。もともとそうした視点を持っている人って全体を把握できたりしてうらやましかったんですが、私は放牧を機にその視点が芽生えました。私たちにスポットライトが当たらなくても曲は生きていて、いきものがかりの歌が存在していて。だからこれからもいきものがかりの3人が目指すことは、より多くの人に届く歌を作ること。放牧のおかげでいきものがかりと一心同体の自分もいれば、いきものがかりを俯瞰して眺める自分も現れてきました。

　それから「個人の吉岡聖恵じゃなくて、いきものがかりの吉岡聖恵になってた」と思っていたけど、その根本も、そんなに変わらないんじゃないかなって思うようになりました。最近、インスタやインスタライブをやっていますが、ある時テンションが高くて素が出ていたみたいで、楽しんで歌ってていいね！とスタッフさんに言われて。待てよ！ 素で楽しんで歌って、ここは天国か!?　仕事で会う人にもファンの人にも普段どおりがいいですね！みたいに言われてやっと、もっと楽にやっていいのかな？と気づいて。「最近はもっと楽しんで素でやってと言われて、天国かと思ってるんだよね」って母に電話したら「よかったじゃん！ 安心したよ〜」って。放牧中に素の自分を探してみたけれど、実はいきものがかりの吉岡聖恵さんと私自身はそんなに離れてなかったね、って話でした（笑）。

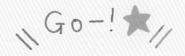

これからも、
歌いながら生きていく

新しい環境に身を置いて

　いきものがかりは1999年に結成したので、2019年11月3日で結成20周年、2021年3月15日でメジャーデビュー15周年を迎えました。アニバーサリー期間のツアーが新型コロナウイルスの影響で中止になって残念だったから、私たちは今とにかくライブをやりたい！皆さんに会いたい！って気持ちでいっぱいなんです。それができるようになるまでみんなのことを心配してるし、応援してるってことも伝えたいですね。でも、思うように活動できない期間に、つまずかないで今できることを！という感覚になれたのはいいなと思います。リーダーはもともとたくさん意見を言ってくれるんですけど、ほっちもどんどん外の世界を見て、自分の世界が広がっていたり。私は槇原敬之さんの歌じゃないですけど、好きなものを好き！と言えるようになって。これは自分を見つめ直す期間があったおかげ。3人それぞれの世界を広げたいねって、それを持ち寄ればいきものがかりが磨かれていくよね！って話しています。

　私たちは今、皆さんが思っているイメージを、私たちが感じてきた壁みたいなものを越えていきたいんです。いつもチャレンジし続けていれば、チャレンジすることが当たり前になるんだって最近思っていて。私自身もカバーアルバムや童謡などいろんな楽しみ方で音楽をやっていく中で、次の扉を開く！って感じで、いずれはソロで、オリジナルにもチャレンジしてみたいと考えています。そこに何が待っているかはわからないけど、自分自身が楽しければ周りの人も楽しんでくれると思うから。扉の向こうは楽しいだけじゃなくて、喜怒哀楽が待っていると思うと不安もありますけど、そこは頼もしい仲間がいっぱいいるので、頼りにもします（笑）。

この本の制作中はコロナ禍でもありましたが、いきものがかりが
独立してメンバーやスタッフさんによりなんでも言える、風通しの
いい環境をどんどん作る充実した日々を過ごせていました。気にな
るのは応援してくれる皆さんのことだったけど、いきものがかりも
インスタとかがんばってみたらその反応がたくさんもらえて、こっ
ちが励まされました（笑）。リモートでもテレビで歌ってみたら、
みんなとつながることができるとわかったり、この環境だったから
こそ新しいことに踏み出せた！ということもたくさんありました。
　新しいことでいうと、私は結婚したんですよね。その報告をする
前までは、"歌を歌えていることが自分のすべて"みたいなところが
あったんですけど、活動を再開してからはいきものがかりのための
自分というより、自分がやりたいからいきものがかりをやる、自分
がやりたいからソロをやるっていう自分軸になってきたと思うんで
す。その中での結婚もいいタイミングで、相手のことも大切にしな
がら歌のことを大切にしていきたい。ひとりの人間としても、歌い
手としても、女性としても、そのすべてを認めてくれる方だし、認
め合える、サポートし合える方。そういう方と一緒にいられるのも
新しい環境のひとつでした。これまでは好きなことであり、仕事と
して歌に向き合ってきて、これからは、さらに人間として歌とどう
関わっていくのか？　それが自分でもすごく楽しみ。この本でもこ
んなに歌にひもづくかなっていうくらい、歌のことばっかり話して
きたじゃないですか（笑）。0歳から、いや生まれる前からだなんて
自分でも面白いなって。私って不器用ではあるんだけど、歌に関し
ては貫いてきたなって、自分自身に対してそう思いました！

喜怒哀楽で生きていく!

　以前、「NHK 紅白歌合戦」でお会いした大大大先輩歌手の方に、「〇〇さんにとって歌とはなんですか?」と尋ねたことがあったんです。そしたら「歌は人生だからね」って素敵なお返事をもらいました。私はその言葉をよく思い出すんですけど、最終的に人生を終えるような時にあの言葉が言えたらなって思うし、歌があるからこそ、自分の中の喜怒哀楽が深まってきているとも思うんです。私は歌に引っ張ってもらいながらここまでやってきたけど、でもやっぱり喜怒哀楽は、自分の感情に素直であることは大事。歌があるから喜びも、怒りも、それから哀しみも、楽しさも感じさせてくれる。私にとっていろんな体験をさせてくれるのが歌なんです。

　2020 年の 4 月に 3 人で、新しい環境でやっていこうと決めた時、頭に“人生一度きり”って言葉がよぎって、これかぁ〜!って。今までの場所にいても踏み出しても大変なら、新しい世界に、喜怒哀楽が起こるほうに踏み出してみよう!って。新曲を出したりライブしたり、それこそ SNS や、この本もそうだけど、自分が起こすアクションが少しでもみんなのプラスになればうれしいし、これからもずっと皆さんの声とか存在が励みになっていくと思うので、刺激を与え合う関係でいたいと思います。大学の時にいきものがかりを再開したことも、デビュー 10 周年で放牧した時も、また 3 人で始めたのも、チャレンジといえばチャレンジ。私たちだけじゃなくて、誰もがそうした挑戦や変化を繰り返して生きていると思うんです。だからこの本を読んで、聖恵ちゃんもいろいろやってるな〜、私も（僕も）少し勇気を出してみよう、もっとやってみよう!って思ってもらえたらうれしいです。　　　　　　　おしまい!

あとがき

「この本を作りたい！」となったのは2020年の2月頃。
以前取材していただいたのをきっかけに、この方たちにお願いしたい！
と思って『装苑』編集部さんに相談させていただきました。
その頃はまだ日本の世の中は正常運行していましたが、
インタビューが始まった頃には緊急事態宣言が出てしまいました。
この本のインタビューもずっとリモートだったんですが、
この時期だからこそ自分と向き合い、
遡れたことがあるなぁと感じています。
母の育児日記を見返したり、友人と連絡を取り合いながら
エピソードを思い返したり、久しぶりに連絡する
スタッフさんとコミュニケーションをとったり！
この本を作ることで、あらためて自分の歩んできた道や、
周りの方々との絆を感じることができました。
インタビューの時間は、編集の岡田さんが優しくうなずいてくださるので
癒やしの時間になって、毎回あっという間でしたし、
編集長の児島さんもとことん粘り強く向き合ってくださって、
本を作るのはすごく楽しい時間でした！
そんなふうに愛と情熱を持って一緒にこの本を作ってくれた
『装苑』チーム（の皆さん）にも、とても感謝しています。
最後になりましたが、私を育て、サポートしてくださる関係者の皆さま、
大切な家族、親愛なる友人たち、リーダーとほっち！
そしていつも応援してくださる皆さん。
この本を最後まで読んでくださったあなた！
本当に本当にありがとうございました！

吉岡聖恵

吉岡聖恵（よしおか・きよえ）

1984年2月29日生まれ。1999年11月3日、水野良樹と山下穂尊による
ユニット「いきものがかり」の路上ライブに飛び入り参加したことがきっか
けで、いきものがかりのボーカルとなる。地元の厚木・海老名での精力的
な活動から次第に注目を浴び、2006年3月「SAKURA」でメジャーデビュ
ー。以降、「YELL」「ありがとう」「風が吹いている」など数々のヒット曲を世
に送り出している。2017年1月に「放牧宣言」をし、グループ活動の一時
休止を発表。2018年2月よりソロ活動をスタートさせ、同年10月にはカ
バーアルバム『うたいろ』をリリース。同年11月の「集牧宣言」で、いきもの
がかりが活動再開。2020年4月に新会社MOAIを設立し、新たなスタート
を切った。同年5月には、ソロプロジェクト「吉岡聖恵の毎日がどうよう日
〜家族で歌おう！〜」が始動。吉岡が子供の頃から慣れ親しんできた童
謡や唱歌の素晴らしさを自身の歌声で紹介している。
Instagram @kiyoe_yoshioka_official
https://www.yoshiokakiyoe.com

KIYOEnOTE
—— キヨエノオト ——
いきものがかり 吉岡聖恵

2021年4月25日　第1刷発行

発行者　濱田勝宏
発行所　学校法人文化学園 文化出版局
　　　　〒151-8524
　　　　東京都渋谷区代々木 3-22-1
　　　　電話　03-3299-2496（編集）
　　　　　　　03-3299-2540（営業）
印刷・製本所　株式会社文化カラー印刷
©Kiyoe Yoshioka 2021 Printed in Japan

文化出版局のホームページ
http://books.bunka.ac.jp

STAFF

ブックデザイン	野澤享子
	（Permanent Yellow Orange）
撮影	田中雅也（TRON）
スタイリング	満園正明（UM）
ヘア&メイク	米倉小有吏（モカゲ）
イラスト	吉岡聖恵
校閲	畠山育子　小野里美
DTPオペレーション	大須賀明子（文化出版局）
	西 杏梨（文化出版局）
進行	大沢洋子（文化出版局）
インタビュー・編集	岡田佐知子（『装苑』編集部）
構成・文	児島幹規　（『装苑』編集長）

協力

CUBE / Epic Records Japan / FIREBUG / MOAI

衣装協力

アカネ ウツノミヤ（ブランドニュース）
アンリアレイジ
エンチャンテッド/エンチャンテッド プリマ（グランデ）
スウス
ナオキトミヅカ（エスティーム プレス）
ネーム
ノントーキョー（エスティーム プレス）
ビューティフルピープル（ビューティフルピープル 青山店）
ビリティス・ディセッタン（ビリティス）
プールスタジオ アリヴィエ
フレーク
ミキオサカベ
ラム・シェ（ブランドニュース）
＊ブランド名五十音順

JASRAC 出 2102686-101